ALESSANDRO MUSCINELLI
&
LAURA TENTOLINI

DA DIPENDENTE A PROFESSIONISTA

Dalla Decisione alle Dimissioni:
Tutti i Passi verso il Lavoro Autonomo

Titolo
"DA DIPENDENTE A PROFESSIONISTA"

Autori
Alessandro Muscinelli & Laura Tentolini

Editore
Bruno Editore

Sito internet
www.brunoeditore.it

Sommario

Introduzione

Al giorno d'oggi tutti si lamentano del proprio lavoro, ormai è diventato un luogo comune. Amici, familiari o conoscenti raccontano quanto siano scontenti della loro situazione lavorativa, spesso con dovizia di particolari e aneddoti. La descrizione di come si comportano i colleghi, delle scelte dei capi oppure del trend aziendale, sfocia rapidamente in un racconto che rivela tutta la loro frustrazione.

Tanti si lamentano del proprio lavoro, lamentarsi è facile, ma quanti fanno qualcosa di concreto per migliorare la propria condizione lavorativa?

Questo manuale si rivolge alle migliaia di dipendenti d'Italia, scontenti del proprio lavoro, per indicare una possibile via d'uscita. I temi trattati riguardano non solo i lavoratori dipendenti, senza fare distinzioni tra operai o dirigenti, ma anche tutti coloro che desiderano realizzarsi professionalmente. Il nostro intento è offrire spunti di riflessione che aiutino a focalizzare e a rendere concreta l'idea di cambiare vita lavorativa. Abbiamo scritto questo testo per tutti i lavoratori che, prima o poi, hanno pensato seriamente di abbandonare il lavoro da dipendente per tentare un'altra strada. Senza dimenticare tutti quelli che sognano di cambiare perché insoddisfatti del proprio impiego e del proprio *menage* lavorativo quotidiano.

La decisione di lasciare il lavoro da dipendente può nascere anche dal desiderio profondo di cambiare vita radicalmente, ad esempio per andare a vivere in campagna, per avere più tempo libero da dedicare alle proprie passioni, per studiare o viaggiare, oppure per seguire meglio figli o genitori in particolari momenti della vita.

La decisione di lasciare il lavoro non viene presa certo a cuor leggero. C'è sempre una certa ansia, è naturale. Abbiamo sempre in testa quella vocina che ci sussurra: «La sicurezza... La sicurezza...». Parlare di sicurezza del posto di lavoro al giorno d'oggi non ha più molto senso. Ditte che chiudono, o che trasferiscono la produzione all'estero sono sotto gli occhi di tutti. E che dire del continuo aumento di dipendenti che vanno in prepensionamento, in cassa integrazione, che sono licenziati? Dov'è andata finire la sicurezza del posto fisso? La sicurezza dobbiamo avercela dentro, nessun posto fisso o prospettiva di carriera ce la possono dare! Dobbiamo essere sicuri di noi stessi, delle nostre reali capacità, della nostra voglia di fare, della nostra iniziativa e del nostro coraggio!

Lasciare il lavoro da dipendenti è possibile se avremo dei valori, delle prospettive, una visione del mondo completa, la voglia di lavorare onestamente e un certo *savoir-faire* acquisito da un'attenta osservazione del mondo. Basta con la razionalità, basta con tutti i ragionamenti, basta con le elucubrazioni, basta pensare a tutti gli scenari possibili... ci vuole coraggio per fare il balzo nell'indipendenza!

Pensate alla prima volta che vi siete gettati in piscina dal trampolino: certo, era spaventoso, ma non potevate farlo senza buttarvi! Se dovete imparare a nuotare, lanciatevi in acqua e iniziate a muovervi, non serve pensarci e riflettere, bisogna passare all'azione!

Inizialmente bastano uno o due contatti di lavoro per avviare un'attività che procuri reddito. La liquidazione dell'azienda e pochi risparmi vi aiuteranno nei primissimi passi da "persone libere" dopo la rinuncia a un posto di lavoro ormai troppo stretto.

I capitoli del manuale toccano tutti gli aspetti di questa scelta, passando da un'attenta valutazione della vostra situazione odierna fino a focalizzare la direzione da seguire, senza dimenticare tutti i passi da compiere per realizzare il passaggio alla libera professione.

Immaginate solo per un attimo di aver lasciato la vostra azienda. Avete fatto il grande salto, ora siete liberi e cominciate a respirare! È il momento in cui, per la prima volta, iniziate veramente a vivere, professionalmente parlando! Bastano pochi giorni di lontananza dal solito ambiente di lavoro per rendersi conto che le ultime battaglie in azienda erano solo minuscole briciole, quisquilie a confronto della vita vera e di ciò che conta veramente.

Continuate a immaginare. Avete lasciato l'azienda, ora guardatevi indietro: gli immutabili discorsi dei soliti colleghi sembreranno subito piccolissimi di fronte alla vita reale, dove chi conta veramente siete voi stessi. Chi è responsabile di tutto quello che succede ora? Voi stessi! Non potete più incolpare l'azienda, il vostro capo o i colleghi, ora non avete scuse! La responsabilità della vostra professione è tutta nelle vostre mani. Parole pesanti?

Tutto diventa subito grandioso, cominciate ad apprezzare le piccole libertà, oltre a quella **sensazione impagabile** che il tempo è totalmente vostro, ora ne siete i principali e unici gestori. Non avete più l'assillo di arrivare in azienda in orario, prima dello scatto del contaore, del permesso, della giustificazione... siete liberi! Il tempo passa, ma ricordate... nessuno ve lo paga, quindi dovete sfruttarlo subito al meglio.

Avete mai visto il film *L'urlo dell'odio* con Anthony Hopkins e Alec Baldwin (1997)? Parla di un gruppo di persone sperdute in Alaska a causa di un incidente aereo. È uno scenario simbolico: la sceneggiatura, la bellezza maestosa del paesaggio, la bravura di Hopkins, mostrano tutte le difficoltà dell'uomo civile costretto all'improvviso a ritornare a vivere nella natura selvaggia.

Possiamo fare un parallelo con il dipendente che si trova all'improvviso da solo, fuori dall'azienda, solo nella natura selvaggia a doversi difendere e procurare il cibo. Nello splendido mondo dell'Alaska, le regole per sopravvivere sono ben diverse rispetto all'azienda. Immersi nella natura incontaminata e selvaggia, siamo soli con le nostre forze e capacità, non c'è più nessuno che ci protegge, che ci fornisce lo stipendio ogni fine mese!

L'analogia intrigante è questa: l'uomo moderno ha dimenticato come vivere nella natura, così come il dipendente non è più capace di procurasi un'attività di successo. Nel film, Hopkins afferma che la maggior parte degli uomini morirebbe di fame se all'improvviso si trovasse in una situazione estrema, senza ristoranti, senza camerieri, senza casa e comodità, nonostante la natura generosa offra assolutamente tutto quello che serve per sopravvivere: acqua, cibo, riparo, utensili.

Non è la natura matrigna, è l'uomo che ha dimenticato come arrangiarsi da solo, come sopravvivere e nutrirsi. Sono la sua insicurezza e la sua paura che gli impediscono di reagire e di darsi da fare, come ha sempre fatto in natura.

Facciamo un passo indietro. Ricordate ancora quando cercavate lavoro? Quanto tempo è passato. Pur di farvi assumere in azienda, non avevate forse cercato un impiego con tutte le vostre forze, sfruttando tutte le possibilità e le conoscenze, non vi siete forse presentati al meglio ai colloqui, pronti a mentire e a promettere meraviglie? Ora tutta questa determinazione dov'è finita?

Il dipendente non ha l'opportunità di imparare in che modo prendere migliaia di decisioni, cosa invece naturale per il professionista. Il dipendente lavora maturando esperienza per l'azienda, non per sé. Lasciato a se stesso, nella maggior parte dei casi, non è più in grado di padroneggiare situazioni che sono invece normali per un lavoratore autonomo. Pensiamo anche solo al rappresentante: lavorando per gli altri non crea un paniere di clienti personali, ma procura clienti all'azienda per cui lavora.

Tutte le attività svolte dal dipendente sono nel suo interesse economico solo in piccola parte, egli non fa nulla per avere successo o accrescere il suo benessere. Al contrario, tutto quello che fa porta ricchezza all'azienda. Il dipendente non fa i propri interessi ma quelli dell'azienda.

Il tempo passato in azienda come dipendenti probabilmente vi ha reso pigri, l'azienda-chioccia ha annullato in voi ogni iniziativa, ogni capacità. Ora che dovete creare un'attività per voi stessi, non ne siete più capaci. Non dovete forse attingere a tutte le vostre risorse? Dove sono finite tutte le vostre capacità? Non è più importante lavorare per voi stessi che per un'azienda?

Questo testo è strutturato per accompagnarvi passo dopo passo fino alla libera professione. Il manuale toccherà tutti gli aspetti da comprendere bene e fare propri prima del salto finale di lasciare il lavoro verso una nuova professione.

Buona lettura!

GIORNO 1:
Come maturare l'idea di lasciare il lavoro

Innanzitutto, dobbiamo prendere coscienza che l'individualità del dipendente comune non è valorizzata, almeno nella stragrande maggioranza dei casi. In azienda le procedure sono già scritte e le prassi consolidate: difficilmente il dipendente comune trova spazio per applicare le proprie capacità. Egli non è altro che un piccolo elemento nell'enorme complessità del mondo lavorativo di oggi.

Diciamolo: il dipendente ha valore solo se inserito in un contesto di gruppo, ma preso singolarmente conta proprio poco. Egli esegue ogni giorno mansioni stabilite da altri, in una parola ha rinunciato al sé come persona indipendente, capace delle proprie idee e della propria soggettività. L'enorme macchina aziendale che ha accolto il dipendente non si accorge della sua presenza o assenza dal punto di vista lavorativo, produttivo e della sua individualità, se non attraverso la rilevazione burocratica delle presenze. Prova ne è che, quando il dipendente manca, per ferie o malattia, l'azienda va avanti lo stesso.

Il lavoratore è diventato un ingranaggio come tanti, se consideriamo il mero utilizzo della sua intelligenza e capacità reale di fare. Affermazioni drastiche e scioccanti? Vero, ma come non essere d'accordo?

Facciamo subito un esempio realistico: Filippo si è laureato in economia e commercio ed è dipendente di una filiale di una grande azienda internazionale nel campo dell'automobile. È stato assunto al back office, termine usato comunemente per indicare "il gruppo che sgobba nelle retrovie" nascosto dietro le quinte, in pratica quelli che veramente fanno andare avanti l'azienda.

Filippo deve controllare i prezzi dei ricambi prodotti dalla sua ditta e confrontarli con i vari fornitori e con la concorrenza. Il suo ruolo in pratica è leggere e incrociare migliaia di codici e di prezzi, non ha nemmeno un software adatto, deve inserirli in un database su Excel.

Il suo corso di studi si è sviluppato sul management societario, con ampi approfondimenti in campo sociologico e dei comportamenti in azienda. Inoltre, ha studiato con passione le strategie dei movimenti di grandi capitali, di fusioni tra società e azioni di joint venture con aziende più piccole. La sua tesi di laurea riguardava l'acquisto di un marchio automobilistico in difficoltà da parte di un gruppo più forte e articolato.

La discussione della tesi era piaciuta molto, la commissione d'esame gli aveva riconosciuto il massimo dei voti all'esame di laurea, oltre naturalmente ai migliori auguri e incoraggiamenti per quella che si preannunciava una promettente carriera.

Filippo ha una naturale capacità di riconoscere i meccanismi aziendali e le strategie di gruppo nel mercato che evolve. Questo interesse lo accompagna sin da bambino, quando giocava a Monopoli con gli amici. Ha imparato bene l'inglese, ha vissuto all'estero per tre anni, parla anche un po' di francese e non manca di curare le relazioni sociali e il proprio benessere, gioca regolarmente a tennis e scia. Il dipendente perfetto!

È stato assunto in azienda trovando il più sincero consenso tra i vari selezionatori. Ha sostenuto diversi colloqui con le più alte figure manageriali, ricevendo complimenti e promesse di carriera e di crescita professionale. Filippo ha fin da subito un buono stipendio, gli promettono anche il cellulare e, in futuro, l'auto aziendale. Per averlo l'azienda paga un bel po' di soldi, considerando le tasse e i contributi. Ci avete mai pensato? L'azienda sostiene un costo non indifferente per ogni dipendente, costituito non solo da stipendio e contribuiti, ma anche dai benefit: buoni pasto, polizza integrativa, cellulare, auto aziendale, PC portatile ecc.

SEGRETO n. 1: il dipendente appena assunto si sente appagato dal suo stipendio e dai vari benefit; questi beni materiali non sono però il compenso delle sue reali competenze, bensì stabiliti per legge.

Il lavoro che sta facendo ora Filippo è poco più di un lavoro da scribacchino, nulla che un programma specifico non potrebbe fare, meglio e più velocemente. Basterebbe un buon programmatore per creare un software adatto a svolgere tutto il lavoro. Egli è frustrato, le sue capacità non sono utilizzate, il suo entusiasmo è sprecato. Il suo capo diretto, Giuseppe, ricopre la figura di quadro, raggiunta dopo anni di presenza in azienda e conosce bene il dirigente del reparto, che ha piena fiducia in lui. Giuseppe ha fatto solo le scuole dell'obbligo, non parla lingue straniere e non ha mai lavorato in altre aziende: nulla di male, ma non ama le innovazioni e non condivide le idee di Filippo.

Vediamo chiaramente come la figura di Filippo sia totalmente sprecata, sarebbe come utilizzare mezzi corazzati e artiglieria d'avanguardia per combattere le formiche. Il vero potenziale di Filippo è impiegato solo in piccolissima parte, non solo, ma eventuali proposte o miglioramenti devono essere approvati da Giuseppe, il quale non ha le conoscenze per capire; inoltre, sentendosi minacciato, boccia tutti i progetti di Filippo solo per una questione di gerarchia... Il dirigente ha piena fiducia in Giuseppe e gli lascia carta bianca, non vuole grane né fastidi nel suo gruppo di lavoro. Filippo non ha scampo.

SEGRETO n. 2: il dipendente esegue ogni giorno mansioni stabilite da altri, in una parola deve rinunciare a sé come persona indipendente, capace delle proprie idee e della propria soggettività.

Ora che ha raggiunto il tanto atteso traguardo del posto di lavoro, Filippo non mette in pratica nulla di quello che ha studiato, si chiede a cosa sia servito studiare tanto e specializzarsi. All'atto pratico, per assurdo, non c'è alcuna differenza tra un laureato e un analfabeta!

Filippo si domanda dove siano finite tutte le belle parole e le prospettive di crescita sbandierate dai dirigenti nei vari colloqui che ha sostenuto per l'assunzione. «Ma i colloqui li ho fatti qui o da un'altra parte?» si chiede perplesso. Lo pagano anche troppo per inserire dei dati al computer tutto il santo giorno! Che spreco!

Ma allora, perché tutti cercano un lavoro come dipendente, è così desiderabile avere un impiego come quello di Filippo, dopo tanto impegno e sacrifici per qualificarsi al meglio? È così costruttivo non fare nulla di cui si è capaci, anzi, al contrario, passare intere giornate a veder crescere la propria frustrazione e impossibilità di agire?

«Posto fisso... Posto fisso...» chi di noi non ha nelle orecchie queste parole, almeno in Italia? Moltissimi dipendenti hanno "deposto le armi", hanno accettato cioè il proprio lavoro come un amaro destino inevitabile. Si sono negati come persone rispetto alle loro capacità, si rassegnano a credere che la cosa vada bene così e che non ci siano vie d'uscita. Tanto è quello che fanno tutti.

Dipendenti rassegnati, persone che non ascoltano la propria indole, che scelgono di far parte di un meccanismo sociale già scritto, che rinunciano a dare alla propria natura una possibilità di esprimersi.

Tutto questo in nome di che cosa? Che cosa è così importante, per cosa la maggior parte dei dipendenti è pronta a sacrificarsi personalmente per tutta la vita? L'unica certezza (ormai vacillante) è lo stipendio fisso a fine mese. Tutto per questa misera e unica certezza. La totale rinuncia alle proprie aspirazioni e la negazione di se stessi, per avere in cambio la garanzia dell'accredito a fine mese. Non rappresenta questa una rinuncia alle proprie capacità?

Come nasce la psicologia del dipendente

Come ho scritto nell'articolo che potete leggere qui, avere un lavoro da dipendente dà sicurezza. La sola idea che un giorno si possa perdere il lavoro è uno degli incubi peggiori per un dipendente. La sola idea di perdere il lavoro rappresenta una minaccia per la serenità psicologica e personale del lavoratore, quasi più forte della possibilità di perdere la casa o di non avere cibo.

Lo psicologo statunitense Abraham Maslow (1908-1970) ideò la scala dei bisogni umani. L'obiettivo dell'uomo è la realizzazione di sé, raggiungibile passando attraverso vari livelli di soddisfazione del bisogno. Ogni volta che l'uomo soddisfa un bisogno, progredisce a un livello superiore di soddisfazione. Per semplificare: dopo aver soddisfatto i bisogni primari (mangiare, bere, vestire, avere un riparo sulla testa ecc.) l'uomo sente i bisogni di sicurezza, rappresentati in primo luogo dalla casa, dall'appartenenza sociale e da un lavoro stabile.

Secondo Maslow, se l'individuo non ha raggiunto questo livello di sicurezza, non può desiderare qualcosa che appartiene al livello superiore, non riesce cioè ad ambire alla soddisfazione di bisogni di livello successivo, come ad esempio l'appartenenza alla società, un buon rapporto con i familiari, un miglioramento degli obiettivi, non sentirsi soli ecc. In una parola, se non ho soddisfatto i bisogni primari di sicurezza, cibo e protezione, di certo non penserò a studiare, all'arte o a entrare nella buona società!

L'idea di non avere più un lavoro da dipendenti rappresenta la possibilità spaventosa di retrocedere al livello inferiore della piramide motivazionale, posizionato appena sopra la pura sopravvivenza. Senza un lavoro, il dipendente si sentirebbe subito privato dell'appartenenza a un gruppo, della comprensione della società, dell'orientamento, di obiettivi, di punti di riferimento condivisi. La perdita del lavoro è associata dunque a una perdita di identità.

La sola idea di perdere il lavoro fa sentire "spogliati" di dignità, come ritrovarsi nudi. Infatti, nella società, presentarsi come dipendenti della tale azienda stabilisce subito un'identità, un ruolo. Quanti di noi provano disagio alla sola idea di non avere più il proprio lavoro?

- Come farò a pagare il mutuo?
- Come potrò sfamare me stesso e la mia famiglia?
- Chi e per che cosa sarebbe disposto a pagarmi?
- Dove posso trovare i soldi?
- Se perdo il lavoro, perdo tutto quello che ho!

Ecco le preoccupazioni più comuni che passano, con ragione, nella mente di ognuno di noi, alla sola idea di non avere più il proprio lavoro da dipendente.

Come lasciare il lavoro da dipendente diventa un'opportunità

La possibilità di lasciare l'impiego può rappresentare un'opportunità, l'occasione per mettersi alla prova davvero, per crescere, per sentirsi realizzati. L'obiettivo è trasformare la frustrazione da dipendente in un'occasione per dare voce alle proprie attitudini.

SEGRETO n. 3: la fine del lavoro da dipendente non va vissuta come una minaccia, ma come la possibilità di iniziare una nuova vita più appagante.

La vita vera si assapora nel fare le cose per cui si è naturalmente portati e che si vuole davvero fare, come da bambini: liberate il bambino che è in voi!

Confronto tra libero professionista e dipendente

Il libero professionista cerca clienti perché sono la sua unica fonte di reddito. Non si può permettere di restare a casa ad aspettare che i clienti vengano da lui. Più clienti ci sono e meglio è. All'inizio vanno bene tutti i tipi di clienti, anche quelli più piccoli. Tanto più ampio e variegato è il portafoglio clienti, tanto maggiori sono le possibilità di avere sempre lavoro.

I contatti del professionista devono essere di vario tipo per diversificare il più possibile committenti e incarichi. Naturalmente, il professionista deve trovare il giusto equilibrio tra la domanda e l'offerta: deve restare sul mercato e garantirsi una certa soddisfazione e continuità di lavoro nel tempo.

Il committente sa che il libero professionista è abbastanza costoso. Ad esempio, una settimana di lavoro da dipendente costerà molto meno rispetto alla stessa settimana di lavoro fornita da un libero professionista. Il committente sa anche molto bene che, terminato l'incarico, il rapporto di lavoro con il professionista finisce subito, a differenza del lavoratore dipendente.

Il costo del professionista è piuttosto alto, così come alta è la qualità della prestazione che fornirà. Lo stipendio del dipendente è un costo fisso concordato al momento dell'assunzione, mentre il compenso del professionista deve essere stabilito di volta in volta. Eventualmente si può concordare un costo "forfettario" o un canone scontato a fronte di prestazioni ripetute.

Il professionista si è specializzato in alcune mansioni, fa solo quello e lo fa molto bene. Mentre il dipendente in azienda magari fa anche altre cose e non ha bisogno di specializzarsi tanto. Ben difficilmente un dipendente potrebbe svolgere lo stesso incarico ottenendo gli stessi risultati del professionista.

Anche il dipendente è un fornitore di servizio ma, a differenza del libero professionista, ha un solo cliente con il quale ha stipulato un contratto di vendita di tutte le sue ore di lavoro. In pratica, il dipendente ha concordato con la sua azienda un forfait a forte sconto, cede cioè tutto il suo tempo di lavoro in cambio di un salario fisso. Ed ecco che nasce il rapporto di dipendenza, dove il fornitore del lavoro accetta un compenso bassissimo per ogni ora del suo operato, in cambio della sicurezza di tutte le ore vendute. Pessimo affare!

Il lavoratore assunto ha ceduto la sua opera in esclusiva a un unico committente, non può lavorare per altre aziende né fare esperienze diverse, non può svolgere un altro lavoro! Il rapporto è esclusivo, chiuso, monotematico. In una parola il dipendente non ha venduto il suo lavoro al miglior offerente, ma al primo che lo ha assunto.

Come cambia lo sviluppo professionale

Lo sviluppo professionale cresce in modo esponenziale quando si esce dal lavoro dipendente. Da liberi professionisti si lavora su vari fronti, si impara a prendere vere decisioni che riguardano se stessi, si conoscono differenti aspetti del lavoro, diversi fornitori, svariate aziende e tecnologie. Diventa abituale trattare con persone nuove, in lingue diverse.

La crescita professionale è davvero grande e permette finalmente di sviluppare la vostra vera indole e tutte le vostre autentiche capacità. Ora non si tratta più di aspettare l'orario per timbrare il cartellino e andare a casa la sera, ma di coltivare davvero quello che sapete fare professionalmente. L'attività del libero professionista permette di usare appieno le proprie attitudini personali e capacità professionali. Quanti lavoratori dipendenti possono dire lo stesso?

Troppo spesso chi trova un impiego come dipendente accetta un lavoro tanto per fare, tanto per avere uno stipendio, ma non è un lavoro svolto per passione. Il professionista, al contrario, lavora per se stesso divertendosi. Il tempo passa rapidamente quando si lavora con passione. Infatti è più difficile e impegnativo, sia fisicamente che mentalmente, svolgere mansioni non idonee alle proprie attitudini piuttosto che svolgere un'attività che piace: in questo caso il lavoro non pesa e non si sente la fatica.

Il professionista può fare di tutto, tentare strade nuove, tornare indietro e cambiare idea. Per il dipendente la situazione è ben diversa: egli ha un'unica possibilità di carriera e solitamente non può cambiare. Una volta assunto, tutte le opportunità di avanzamento professionale avvengono nella stessa azienda. Se anche in azienda si liberasse un ruolo interessante, il più delle volte la selezione della nuova figura si rivolge all'esterno. Vediamo spesso come l'azienda non pensa di valorizzare le risorse che ha già, ma preferisce assumere persone che non conosce.

Il libero professionista, quando studia per un nuovo incarico di lavoro, lo fa per se stesso. La conoscenza acquisita è un bene che rimane, anzi, che accresce il suo valore e bagaglio professionale, che aumenta la possibilità di nuovi incarichi. La formazione del professionista è continua e rende la conduzione della sua azienda sempre più produttiva.

Come professionisti si viene a contatto con tante nuove tecnologie e metodologie, con nuovi orizzonti da utilizzare ancora come un vero e proprio *job rotation* aziendale, dove si cambia continuamente ruolo in un rapido susseguirsi di mansioni. Quanti dipendenti hanno la possibilità di crescere professionalmente allo stesso modo?

SEGRETO n. 4: il libero professionista, quando studia per un nuovo incarico, accresce il proprio valore e bagaglio professionale, aumentando la possibilità di nuovi ingaggi futuri.

Come maturare l'idea di lasciare il lavoro

Il dipendente, frustrato e consapevole di trovarsi in queste condizioni di "rinuncia di sé", pensa vagamente alla possibilità di dimettersi, guarda alle mille possibilità di un mondo che si apre davanti ai suoi occhi e prova una vertigine spaventosa, un brivido di paura, se non di panico.

Ma come, rimuginate tutto il giorno perché in azienda non vi sentite apprezzati né utilizzati secondo le vostre reali capacità, e di fronte alla sola idea di avere finalmente una porta spalancata verso il mondo, preferite di gran lunga restare impantanati nel solito impiego da dipendente! E tutto in nome della "sicurezza del posto fisso"! Tutto per quella vocina che vi sussurra dentro:

- pensa alla sicurezza… la sicurezza;
- studia seriamente, poi trovati un buon lavoro, così avrai la sicurezza;
- là fuori ce ne sono altri mille come te, pronti a prendere il tuo posto di lavoro.

Non importa se la settimana successiva tutti questi sono in cassa integrazione; il mito del posto fisso, almeno in Italia, resiste anche di fronte all'evidenza. È questa la situazione, vero? Quanti dipendenti si sono identificati in questo stato d'animo? Perdere il lavoro rappresenta il baratro, il punto oltre il quale non c'è ritorno e dove iniziano cose terribili, da evitare assolutamente. Perdere il lavoro rappresenta la nostra reale insicurezza, la nostra paura più grande, la nostra convinzione di non essere capaci di fare, di organizzare, di essere autosufficienti, nonché di procurarci da soli di che vivere.

Il più delle volte abbiamo bisogno di un'azienda-mamma che ci dia sostentamento, che ci procuri da vivere in cambio della nostra abnegazione. Abbiamo bisogno di un'azienda-chioccia che ci dica cosa dobbiamo fare ogni giorno, che ci organizzi i periodi di ferie, che ci dia uno stipendio anche quando siamo in malattia, che si preoccupi del nostro pranzo con dei buoni pasto, che pensi perfino alla nostra pensione quando saremo anziani, se mai ci sarà!

Al lavoro le cose le sappiamo fare bene, perché dovrebbe essere diverso fuori dall'azienda? Anche senza l'azienda dovremmo essere capaci di fare le cose bene! Anzi, senza tanti impedimenti e lungaggini burocratiche, dovremmo riuscire a lavorare molto meglio! Quando accenniamo, in famiglia o con amici, alla possibilità di lasciare il lavoro, chissà perché tutti ci guardano male come se avessimo bestemmiato, e naturalmente cercano subito di dissuaderci.

Ma abbiamo detto una cosa così strana? Non dovrebbero invece essere proprio loro a sostenerci e incoraggiarci, loro che ci amano e ci conoscono meglio, che ascoltano quotidianamente le nostre lamentele e frustrazioni? Non dovrebbero desiderare di vederci finalmente sereni e realizzati, impegnati in un lavoro di soddisfazione, liberi di lavorare per noi stessi, non per altri?

Chissà perché tutti ricordano benissimo, e raccontano con tinte fosche e dovizia di particolari tragici, mille storie tristi di gente che ha lasciato il posto di lavoro senza grandi risultati. Nessuno ricorda invece quelli che hanno lasciato il lavoro e hanno avuto successo, magari non sono diventati ricchi, ma ora sono sereni, lavorano per se stessi e con soddisfazione. La "ricchezza" non è solo quella monetaria, si è ricchi anche di salute, di benessere, di soddisfazioni, di tempo!

Non importa quello che dicono gli altri, dobbiamo rendere conto solo a noi stessi. Delusione, disagio, senso di inadeguatezza sul posto di lavoro sono sensazioni nostre, spetta a noi affrontarle ogni giorno, non ad altri! Sentire le opinioni di tutti ma poi decidere per conto proprio. Il coraggio per lasciare il lavoro dobbiamo trovarlo da soli, nessuno ci aiuterà. È pur vero che la permanenza in azienda ci ha sviliti, ha spento in noi l'entusiasmo, l'iniziativa, il coraggio, la sicurezza e la sanità mentale.

Che dire dell'ambiente di lavoro? I vari meccanismi "sociali" tra dipendenti seguono spesso uno schema malsano di guerre fredde di sopravvivenza, di vero e proprio *mobbing*, di sopraffazione dei più prepotenti, di esasperazione dei ruoli, di amicizie fittizie, di affiliazioni tra gruppi, quasi fossero bande o branchi animali... ma nulla di tutto questo ha a che fare con il reale valore aggiunto per l'azienda!

Eppure, uscire da tutto ciò è semplicissimo, possiamo farlo anche subito: basta andare all'ufficio del personale e consegnare un semplice foglio di carta che recita: «A far data da oggi, rassegno le mie dimissioni dall'incarico di...» Fatto. Semplice, vero?

Ancora quella sensazione di fastidio al solo pensiero di fare una cosa simile... Non siamo realisticamente disposti a dare le dimissioni, invece siamo pronti a lamentarci tutto il giorno, a portare a casa scontento e stress e a sfogarci con i nostri cari, a prendere pillole per la gastrite, farmaci per la depressione, ansiolitici per l'esaurimento nervoso. Non dimentichiamo che spesso il lavoratore dipendente è stressato perché dedica tempo e impegno in attività che non sono in sintonia con le sue attitudini e capacità personali.

Con queste considerazioni, volutamente provocatorie, abbiamo illuminato esattamente il punto che separa i due mondi, la linea sottile di confine, il dilemma che, prima o poi, tormenta ogni lavoratore insoddisfatto. Da una parte il dipendente frustrato, dall'altra il mondo e la libera espressione del proprio Io.

RIEPILOGO DEL GIORNO 1:

- SEGRETO n. 1: il dipendente appena assunto si sente appagato dal suo stipendio e dai vari benefit; questi beni materiali non sono però il compenso delle sue reali competenze, bensì stabiliti per legge.
- SEGRETO n. 2: il dipendente esegue ogni giorno mansioni stabilite da altri, in una parola deve rinunciare a sé come persona indipendente, capace delle proprie idee e della propria soggettività.
- SEGRETO n. 3: la fine del lavoro da dipendente non va vissuta come una minaccia, ma come la possibilità di iniziare una nuova vita più appagante.
- SEGRETO n. 4: il libero professionista, quando studia per un nuovo incarico, accresce il proprio valore e bagaglio professionale, aumentando la possibilità di nuovi ingaggi futuri.

GIORNO 2:
Come prepararsi alle dimissioni

Nella vostra nuova condizione di libero professionista, non potrete più contare su un'azienda che vi paga ogni fine mese. Le vostre entrate, da questo momento in poi, non saranno più regolari, ma in base agli incarichi che saprete procurarvi e a una nuova gestione del denaro. Il vostro compenso non sarà più un pagamento automatico, fisso e prevedibile ogni fine mese, ma dipenderà da come saprete gestire la vostra attività. Ora che avete preso la decisione di abbandonare l'impiego per la libera professione, dovete prepararvi a questo cambiamento.

Il primo periodo da professionista sarà certamente il più duro dal punto di vista delle entrate economiche. Dovrete farvi conoscere, cercare i primi clienti e aspettare che vi paghino. Naturalmente all'inizio sarete ancora poco accreditati nel vostro settore, pertanto è ragionevole immaginare che nel primo anno avrete pochi clienti e pochi incarichi. Questo non vi deve scoraggiare, è l'inevitabile momento di partenza di ogni attività! Vi auguriamo di iniziare subito la professione con gran successo e reddito, ma se così non fosse, dovete farvi trovare preparati. Come? Pianificando con cura gli aspetti economici della vostra nuova situazione professionale.

SEGRETO n. 5: nel primissimo periodo della vostra attività da liberi professionisti è assolutamente necessario pianificare con cura gli aspetti economici della nuova situazione personale.

Definizione di *cash flow*

Il *cash flow* è il "flusso di cassa", cioè il flusso liquido vero e proprio composto dalla differenza tra tutti i soldi che entrano nelle vostre tasche per i più svariati motivi (affitti, interessi, cedole, la restituzione di un prestito ecc.) e tutte le uscite di liquidità (spese, tasse, costi, bollette, multe, ristornate, benzina, meccanico, babysitter, vestiti, acquisti per la casa ecc.). Lo studio del vostro cash flow serve per quantificare la vostra forza economica, per capire quanti soldi vi rimangono in tasca dopo le spese.

Come compilare il proprio cash flow

Per prima cosa compilate un cash flow accurato e scritto di tutte le vostre spese ricorrenti e possibili entrate. Prendete un foglio di carta e scrivete tutto quello che avete speso nell'ultimo anno seguendo questo schema:

Spese = Uscite

Spese fisse

Questa voce comprende tutte le spese prevedibili e obbligatorie. Ad esempio: il bollo e l'assicurazione dell'auto sono spese fisse, mentre se lavate la macchina tutte le settimane, questa è una spesa ricorrente ma non obbligatoria. La rata del mutuo, l'affitto del box, il canone TV ecc. sono altrettante spese fisse. Vediamo alcuni esempi delle spese fisse più comuni:

- spese per la casa (affitto o mutuo, condominio, Internet);
- spese per la seconda casa;
- spese per il box;
- spese per l'auto (assicurazione, bollo);
- abbonamento per il trasporto pubblico;
- spese fisse per i figli (scuola, libri, autobus);
- imposte.

Spese variabili

Questa voce comprende tutte le spese che variano in base al consumo, le spese impreviste e le spese straordinarie. Le spese legate al consumo sono più facilmente gestibili. Ad esempio, la bolletta della luce è una spesa obbligatoria, ma se è alta possiamo ridurla stando attenti al consumo (boiler elettrico, luci accese, forno elettrico ecc.). Tra le spese variabili indichiamo anche tutte quelle spese che potete decidere di non fare.

Un altro esempio: se fate colazione al bar o comprate il giornale ogni giorno, queste sono spese variabili che potreste ridurre o eliminare. Se fate un massaggio una volta al mese, è una spesa abituale ma non necessaria. Se andate a teatro o dal parrucchiere una volta ogni tanto, queste sono spese occasionali. Se chiamate l'idraulico per una riparazione, questa è una spesa imprevista. Se regalate un gioiello a vostra moglie, anche questa è una spesa straordinaria alla quale potete rinunciare (ma cosa dire alla moglie?). Vediamo alcuni esempi delle spese variabili più comuni:

- spese per la casa (luce, gas, telefono, riscaldamento, arredamento, piante, migliorie);

- spese per l'auto (manutenzione, riparazioni, lavaggio);
- tutte le spese impreviste sostenute nell'anno (regali o abiti per un matrimonio, spese impreviste come la bicicletta o il computer nuovo, l'acquisto degli occhiali nuovi, multe, rimborsi, spese legali, pulizie straordinarie, la pensione per il cane ecc.).

Anche per le entrate compilate una voce specifica di cash flow. Come le spese, anche le entrate si dividono in fisse e inattese:

Entrate = Redditi

Entrate fisse

Rendite finanziarie, affitti, interessi attivi, cedole, diritti d'autore, crediti da terzi.

Entrate impreviste

Regali, eredità, vendita di beni propri, rimborsi assicurativi o legali, oltre naturalmente alla vostra liquidazione da dipendente. Le vincite al lotto sono false speranze perché la probabilità di vincita è infinitamente bassa, pertanto non le consideriamo all'interno del cash flow.

SEGRETO n. 6: compilate un cash flow accurato di tutte le vostre spese, sia fisse che occasionali, e delle entrate diverse dal vostro stipendio, se ne avete.

Questo è il primo passo per gestire la vostra effettiva liquidità all'inizio della nuova attività lavorativa. Intervenire sul cash flow significa in sostanza agire quasi esclusivamente sulle spese variabili. Non si può decidere di non pagare la rata del mutuo, ma è possibile ridurre le cene al ristorante o le spese per le vacanze. Scrivendo una tabella accurata con tutte le entrate e le uscite, vi sarete resi conto di quante spese inutili e rinunciabili si fanno in un anno. Anche le spese straordinarie si potrebbero quanto meno posticipare o programmare al momento più opportuno.

Ora che avete un'idea realistica del vostro cash flow familiare, il primo passo è quello di ridurre le uscite e aumentare le entrate quanto più possibile. Questo è un esercizio che dovremmo fare tutti, non solo chi vuole iniziare la libera professione! Basta un po' di attenzione nella gestione giornaliera del denaro, per avere in tasca qualche soldino in più.

Come dare valore alle spese

Se ridurre le spese superflue è un obiettivo relativamente fattibile, aumentare le entrate extralavorative è molto più complesso. Dare valore alle "voci di costo" deve diventare una buona abitudine da subito. Non avete mai sentito dire che «i ricchi sono tutti tirchi»? Se i ricchi sono tutti tirchi non lo sappiamo, però possiamo bene immaginare che siano molto attenti alle spese, altrimenti non rimarrebbero ricchi a lungo. Il libero professionista, il piccolo imprenditore, così come il titolare di un'impresa di successo, devono dare valore ai costi, quali essi siano e indipendentemente dalle dimensioni della loro impresa.

Poco importa se avete aperto un bar, un'attività che offre servizi finanziari, se fate traduzioni o l'idraulico: se non fate attenzione ai costi la vostra attività non potrà durare molto. Prestare una grande attenzione alle spese deve essere il primo pensiero del professionista. Non è possibile controllare le entrate, ma almeno padroneggiate le spese! Non potete sapere quanto guadagnerete, ma potete decidere quanto spendere. L'impresa che non gestisce i costi è fuori controllo.

Come fare in pratica

Una buona abitudine per controllare le spese (o se vogliamo per risparmiare), per quanto banale, è quella di girare con pochi contanti in tasca. In questo modo si evitano tante piccole spese abituali e inutili, come ad esempio il caffè al bar, una rivista, un piccolo acquisto d'impulso, l'oggetto visto in vetrina ecc. Evitate di fare grossi prelievi al Bancomat, prelevate sempre piccole cifre; in questo modo, con pochi contanti a disposizione, sarà più facile evitare di spendere.

Se fumate, cercate di ridurre il numero di sigarette, gioverà enormemente alla vostra salute e anche al vostro portafoglio. Fate attenzione a tutte le piccole spese che si fanno senza riflettere. Ad esempio, anche un solo euro risparmiato ogni giorno per la pausa pranzo, moltiplicato per ogni giornata lavorativa, alla fine dell'anno rappresenta un risparmio dell'ordine di duecentoventi euro. Portatevi il pranzo da casa, anche in questo caso ne guadagnerà la vostra salute oltre al bilancio.

Fate attenzione ai distributori automatici di bibite e fuori pasto, presenti sul posto di lavoro: sono delle vere e proprie macchine mangiasoldi, non avete notato che si trovano ovunque in tutte le aziende?

SEGRETO n. 7: evitare sempre le piccole spese inutili fa la differenza.

Quello che conta non è tanto risparmiare oggi pochi centesimi di euro alla macchinetta del caffè, ma è importante la costanza, cioè l'atteggiamento generale di attenzione alle piccole spese. Datevi un limite giornaliero, ad esempio non più di un caffè e una bottiglietta d'acqua al giorno. Tante bibite e merendine sono costose e ricche di zuccheri; accompagnate i colleghi in pausa ma limitatevi nei consumi. Consumare la bibita o la merendina fuori pasto spesso è un bisogno psicologico della persona: si consuma per noia, frustrazione o emulazione.

Un'altra buona abitudine è quella di tenere matita e taccuino nel portafoglio per annotare subito ogni spesa, anche la più piccola. A fine mese riportate tutto nel vostro cash flow: rimarrete stupiti di quanti soldi si sprecano in tante piccole spese inutili. Annotare ogni minima spesa è noioso, ma aiuta a capire dove va a finire lo stipendio. Oggi la tecnologia ci viene incontro offendo numerose applicazioni utili. Per tenere traccia delle proprie spese, ad esempio, si possono usare cellulari, agende elettroniche ecc.

SEGRETO n. 8: tutte le spese si dividono in necessarie e superflue; questa semplice distinzione è sufficiente per spendere in modo consapevole, valorizzare i costi e di conseguenza risparmiare.

Tutto questo vi sembra banale o forse tedioso? Vero, ma pensate al risultato finale che otterrete. Se volete davvero controllare le vostre spese, in previsione di un periodo senza un regolare stipendio, dovete per prima cosa sapere dove vanno veramente a finire i vostri soldi.

Un'altra idea per risparmiare potrebbe essere quella di provvedere personalmente a tante piccole attività (pulizie, babysitter, taglio del prato, piccola manutenzione della casa o dell'auto). Valorizzare il "fai da te" significa agire in prima persona invece di pagare qualcuno per risolvere i nostri problemi, è un approccio alle criticità da imprenditore.

Iniziate a chiedervi seriamente come procurarvi un reddito aggiuntivo. In fondo, anche vostro figlio adolescente riesce a guadagnarsi una “paghetta” aggiuntiva, ad esempio scambiando o vendendo giornalini agli amici, portando la spesa a casa alla zia, tagliando l’erba del prato ai vicini, raccogliendo le lattine di alluminio o la carta stagnola ecc. Se ci riesce lui dovete per forza riuscirci anche voi!

Tutte le idee vanno bene per cominciare. Se non riuscite a trovare nessun modo per guadagnare un po’ di soldi, allora vuol dire che lavorerete per gli altri per tutta la vita. Pensate seriamente di mettere ordine nella vostra vita finanziaria sbarazzandovi di tutto quello che non vi serve. La seconda casa, la roulotte, il cavallo da corsa, la barca, la moto, il carrello, la telecamera ecc.: tutte cose che sono un’inutile fonte di spese e pensieri, se non usate per soddisfare un’autentica passione o per generare reddito.

Ad esempio, pensiamo alla moda di fare il pane in casa: prima questa necessità non c’era, tutti compravamo il pane dal panettiere senza alcun problema o senso di colpa. Tanti si sono poi trovati a fare il pane in casa con tutto quello che comporta:

tempo, impegno, sporcare in cucina, imparare, seguire la cottura ecc. L'acquisto della macchina per fare il pane non è altro che il risultato dei condizionamenti imposti da pubblicità, azioni di marketing e messaggi collettivi. Tutti noi siamo condizionati da questa cultura consumistica, ma è impossibile sfuggirvi. Poco male, basta porre fine a tanti acquisti inutili.

Valutate seriamente di mettere in vendita tanti oggetti che non usate, questa è l'occasione giusta! Non rimandate, inizierete la vostra nuova attività da libero professionista senza inutili "zavorre" e preoccupazioni, e vi sentirete da subito più liberi e soddisfatti per aver agito.

Lo stesso discorso vale per tanti oggetti minori, quanti di noi hanno cantine o solai stracolmi di cose che non usano? Un frigorifero funzionante, un passeggino, gli sci del figlio, il portapacchi dell'auto, vecchi dischi, le gomme da neve, una tenda da campeggio, la cyclette ecc. sono tutti oggetti che hanno un loro, pur modesto, mercato. Nei vari siti di vendita su Internet (ce ne sono a bizzeffe), oppure sulle riviste specializzate in annunci, si può vendere di tutto.

Certo è un po' laborioso, ma almeno avrete la soddisfazione di aver liberato il solaio e guadagnato qualcosa. Tra l'altro, il solaio finalmente vuoto potete sempre affittarlo o farne una prima sede della vostra nuova attività. Iniziate a ragionare da imprenditori!

SEGRETO n. 9: liberatevi di tutte quelle cose che non vi servono e trasformatele in liquidi da aggiungere alle vostre entrate.

Come prepararsi al nuovo flusso di cassa

Solo chi lavora direttamente con i privati è pagato alla fine dell'incarico, solitamente il professionista lavora con le aziende che pagano a sessanta o novanta giorni, quando va bene, ma capita anche di ricevere pagamenti a centoventi o centosessanta giorni. Siate oculati nel gestire il vostro denaro soprattutto nei primi tempi.

Come fare in pratica

Progettando di lasciare il lavoro come dipendente per fare il libero professionista, iniziate da subito ad accantonare una parte del vostro stipendio e della vostra liquidità acquisita in un fondo che chiameremo “fondo di sicurezza”. Accantonate ad esempio ogni mese almeno il 5% dello stipendio, fino al 15% o 20%, in questo modo potrete contare su un fondo di sicurezza da usare nel primo periodo da professionista. Ora che avete fatto i conti e conoscete le vostre reali necessità di spesa, potete calcolare per quanto tempo durerà il vostro fondo di sicurezza. Siate realistici. Questo fondo corrisponde al “tempo passivo” iniziale necessario per l’avvio della nuova attività.

SEGRETO n. 10: calcolate esattamente quanto vi serve al mese per vivere e accantonate un “fondo di sicurezza”.

La liquidazione non è un regalo inaspettato, ma una parte del vostro stipendio che l’azienda ha trattenuto negli anni: sono sempre soldi vostri. La liquidazione che riceverete da dipendente non va sperperata subito, ma aggiunta al resto della vostra liquidità.

Come affrontare gli aspetti psicologici del cambiamento

Razionalizzare i flussi di cassa è forse l’aspetto più facile da avere sotto controllo, in fondo si tratta solo di prendere un pezzo di carta e scrivere tutte le vostre entrate e spese. Ben diverso è controllare l'aspetto psicologico del passaggio da dipendente a libero professionista. Cominciare a contare su se stessi, organizzarsi autonomamente, rispondere solo alla propria coscienza professionale, rappresenta un cambiamento epocale della propria vita. Il cambiamento di mentalità che richiede questo passaggio è il più difficile da affrontare.

La scelta di intraprendere la libera professione deve maturare secondo tempi e motivazioni personali. La spinta al cambiamento deve partire da dentro. Quando si sente l'esigenza di una svolta radicale, significa che nella persona è in atto una profonda crisi interiore. Se alzarsi la mattina non vi trova entusiasti, se non vi riconoscete più nei gesti quotidiani di lavoro, se spiate continuamente l'orologio in attesa dell'ora di andare a casa, allora è arrivato il momento di mettere in discussione il vostro lavoro da dipendente.

Quando avrete sotto controllo ogni aspetto del vostro cash flow, ma soprattutto quando sarete pronti al cambiamento psicologico, allora potrete pensare di affrontare il passaggio alla libera professione. Non dimenticate che le difficoltà economiche si possono sempre superare se le saprete affrontare con la giusta razionalità, ma la cosa più difficile nel passaggio da lavoratore dipendente a libero professionista è il cambiamento di mentalità.

Abitiamoci a vedere tutto il superfluo che abbiamo accumulato intorno a noi, sia per trasformarlo in liquidità, che per perdere l'abitudine alle spese inutili, frutto del condizionamento consumistico collettivo.

RIEPILOGO DEL GIORNO 2:

- SEGRETO n. 5: nel primissimo periodo della vostra attività da liberi professionisti è assolutamente necessario pianificare con cura gli aspetti economici della nuova situazione personale.
- SEGRETO n. 6: compilate un cash flow accurato di tutte le vostre spese, sia fisse che occasionali, e delle entrate diverse dal vostro stipendio, se ne avete.
- SEGRETO n. 7: evitare sempre le piccole spese inutili fa la differenza.
- SEGRETO n. 8: tutte le spese si dividono in necessarie e superflue. Questa semplice distinzione è sufficiente per spendere in modo consapevole, valorizzare i costi e di conseguenza risparmiare.
- SEGRETO n. 9: liberatevi di tutte quelle cose che non vi servono e trasformatele in liquidi da aggiungere alle vostre entrate.
- SEGRETO n. 10: calcolate esattamente quanto vi serve al mese per vivere e accantonate un “fondo di sicurezza”.

GIORNO 3:
Come scegliere la professione

A questo punto vi sarete detti:

- ma non so fare niente!
- Cosa faccio da solo?
- Cosa posso fare se lascio la sicurezza del lavoro dipendente?
- Che attività mi invento?
- Di questi tempi, chi ha un lavoro deve tenerselo stretto!

Queste sono le tipiche preoccupazioni di chi, al sicuro come dipendente, si affaccia al mondo esterno e prova a immaginare come potrà sopravvivere senza l'azienda. Forte della sua posizione di sicurezza, il "dipendente tipo" guarda verso il mondo con un misto di timore e desiderio. Il pensiero di dover sopravvivere con le proprie forze è fonte di sconforto e desolazione: è la conseguenza di anni di negazione di se stessi e della propria individualità. Il dipendente comune, dopo anni di lavoro in azienda, dopo aver sempre negato la propria indole, non è più abituato a guardarsi dentro e a lasciar parlare la sua natura. Lo sconforto nasce dal fatto che si tenta di trovare risposte dentro di sé ascoltando una parte intima della propria persona trascurata da anni. Questa parte di sé è addormentata, svogliata, priva di memoria, senza esercizio, estremamente pigra e restia al cambiamento. Come fare, allora?

SEGRETO n. 11: non sapere cosa fare una volta lasciata l'azienda genera un senso di sconforto, che dipende dal fatto che la propria personalità è stata trascurata da anni. La nostra individualità c'è ma è sopita, priva di memoria, senza esercizio: basta solo risvegliarla!

Come ritrovare il "bambino che c'è in noi"

Per prima cosa bisogna liberare la propria indole, darle il tempo di maturare, di svegliarsi, di comunicare con se stessi per iniziare a mandare messaggi. Come si traduce tutto questo? Se chiudiamo gli occhi e ci domandiamo: «Cosa mi piacerebbe fare?», all'inizio è difficile sentire la propria naturale tendenza, sembra di non ricevere nessun messaggio, ma solo perché non siamo più abituati ad ascoltarci.

Da dipendenti non avevamo la necessità di ascoltare il nostro Io, tanto il lavoro c'era, lo stipendio pure e gli eventuali imprevisti erano tutti accomodati dall'azienda-mamma, dal signor sindacato, dalle leggi nazionali ecc. Ora che siamo soli a badare a noi stessi dobbiamo fare i conti con la ritrovata libertà e capire cosa vogliamo davvero, cosa potrebbe realizzarci.

La nostra personale tendenza, naturale creatività e i nostri particolari talenti non sono mai stati valorizzati, anzi, sono stati tenuti nascosti per non interferire con le "leggi non scritte" della vita lavorativa. L'abituale routine di lavoro scorre immutata ogni giorno, se anche il dipendente avesse dei pensieri di ribellione o dei desideri di libertà, questi sarebbero soffocati dai tanti luoghi comuni tipici di una società basata sul lavoro dipendente.

Fin da piccoli siamo stati abituati a essere ordinati e diligenti. Il bambino chiassoso viene ripreso mentre quello tranquillo, che rispetta le regole, è lodato e indicato come esempio per gli altri. Anche a scuola i più meritevoli sono gli alunni che eseguono un compito correttamente, rispettando le indicazioni ricevute: non c'è spazio per una soluzione di fantasia.

A scuola tutti gli esami e le prove scritte sono sempre individuali, è proibito copiare e dare risposte di gruppo. Per "merito" si intende risolvere i quesiti da soli e secondo schemi predefiniti, non sono ammesse soluzioni personali o di fantasia. In una parola, la scuola ci prepara a essere dei dipendenti, ci allena cioè a svolgere un compito con precisione. Se abbiamo dubbi o idee di miglioramento, bisogna prima chiedere al responsabile, vietato fare di testa propria. Non è previsto alcuno spazio di libertà.

Nessuno ci ha abituato a essere autonomi, fin da piccoli la famiglia ci sostiene in tutto, di certo nessuno direbbe ai propri figli: «Lascia questa casa, vai verso il mondo e dimostra cosa sai fare con le tue sole forze!» Con queste premesse, è comprensibile come l'idea di lasciare il lavoro per una propria autonomia possa sembrare spaventosa.

Come fare in pratica

Ritorniamo a noi, cerchiamo di metterci in contatto con il nostro Io autentico, chiudiamo gli occhi. Magari all'inizio non sentiremo nulla, ma diamo tempo alla nostra natura di inviarci dei messaggi. Proviamo a tornare indietro con i ricordi, a ripensare ai giochi che facevamo da bambini. Quali erano le nostre attività preferite, quelle che ci davano maggior soddisfazione personale? Quali giochi ci coinvolgevano in modo naturale facendoci sentire felici e appagati?

Ad esempio, ci piaceva di più giocare con il Meccano oppure con il Lego? Giocavamo con Big Jim, con Barbie oppure con le macchinine in scala 1:18? Facevamo giochi di società con altri bambini? Eravamo dei bulli? Giocavamo a nascondino oppure alla lotta? Davamo la caccia alle lucertole in giardino? Suonavamo la tromba? Andavamo in bicicletta o in giro da soli?

Non è possibile non ricordare nulla, scriviamo su un quaderno quali erano i giochi che amavamo di più. Per fare questo non è necessario entrare nei dettagli del gioco, e nemmeno rammentare un evento particolare, basta lasciarsi andare ai ricordi. Dobbiamo cercare di farci dire dalla nostra memoria, dal nostro vissuto, dal nostro Io, quali erano le nostre occupazioni preferite. Fatto questo cercate qualche similitudine tra i giochi, ad esempio nascondino è simile alla caccia al tesoro, giocare con il Meccano è simile a costruire con i mattoncini Lego ecc.

SEGRETO n. 12: prendete nota per iscritto dei giochi che più amavate da bambini.

Questo esercizio è un primo passo per risvegliare la nostra naturale indole e per comunicare con noi stessi. I ricordi, belli o brutti che siano, sono tutti da annotare. Scrivete tutto quello che ricordate, aiuterà a entrare in contatto con l'Io interno. Ognuno di noi può fare questo esercizio, nessuno escluso!

Come fare in pratica

Facciamo subito un esempio concreto. Il ricordo si fissa sul Piccolo chimico. Ricordate ancora la gioia provata nel ricevere questo dono da un parente. Cercate allora i segni di questa "passione" per la chimica negli anni, nella vostra storia di crescita personale. Forse vi piaceva creare dei nuovi colori, giocare alle reazioni chimiche o attendere ore il risultato di un esperimento. Riflettete se in altre occasioni vi siete appassionati di chimica o della trasformazione delle sostanze.

Ad esempio, potreste scoprite un'attitudine naturale nello scegliere i materiali in funzione del loro utilizzo, una scienza che oggi è estremamente in prima linea. In questo caso ecco una prima direzione per iniziare a muoversi verso una nuova professione!

Un altro esempio. Da bambini passavate ore a creare scenari per le avventure di Big Jim. Ganci legati a una corda e macchinine costruite con il Lego erano le armi nella lotta contro i cattivi. Oppure vi piaceva cambiare identità al vostro eroe («Oggi sono una spia», «Oggi sono uno scienziato» ecc.) immaginando situazioni sempre diverse, usando scatole di cartone o le tende di casa. Forse nel tempo avete continuato a sognare e a creare storie di mistero e azione, in questo caso potreste scoprire in voi una naturale capacità di scrivere sceneggiature, testi per un film, oppure di organizzare viaggi di avventura in luoghi esotici.

Se da bambini vi piaceva giocare a nascondino oppure a "pistole Fury" con i vostri amici, se eravate soliti organizzare gite nei boschi vicino a casa, da adulti potreste essere dei viaggiatori o esperti del territorio. Negoziare con gli amici, scambiare biglie, merende o fumetti vi ha sempre dato molta soddisfazione e negli anni non vi siete mai tirati indietro davanti alle discussioni:

potreste avere una naturale attitudine ai rapporti commerciali. Oppure potreste scoprire di avere una tendenza alla leadership vera, a capire le persone e a risolvere i problemi. Se da bambine vi piaceva giocare con le bambole, pettinarle e agghindarle con vestitini sempre diversi, forse da adulte il vostro desiderio recondito potrebbe essere quello di aprire una boutique oppure disegnare abiti secondo la vostra fantasia.

Se da bambina la vostra casetta delle bambole era sempre ordinata, con tutti i cassettini in ordine e ben organizzati, forse siete portate per la logica, l'informatica o l'organizzazione aziendale. Non c'è nulla che dia più soddisfazione di svolgere un'attività per la quale siamo naturalmente portati, "fare" e creare in un campo che piace, esprimersi liberamente nell'ambito per noi più naturale. Bisogna solo capire dove ci porta la nostra indole!

Questo non accade in pochi minuti, ma richiede un po' di tempo. Iniziate con l'esercizio sopra descritto, e nel giro di una settimana o una decina di giorni, riceverete ricordi e messaggi dal vostro intimo. Ascoltateli e cercate di capire dove vi portano. Anche in questo caso è utile scrivere i segnali che ci vengono dall'Io.

È molto più facile avere successo in un'attività che piace, dove le persone che si incontrano per lavoro condividono gli stessi interessi. Se vi chiedessero di parlare dei vostri figli, della vostra squadra del cuore o del vostro hobby preferito, ci sarebbe bisogno di pagarvi o sareste disposti a farlo anche solo per passione?

La professione che fa per voi dovrebbe essere molto vicina a una vera passione. Lavorare non dovrebbe essere un peso, ma un piacere. Se amate davvero quello che state facendo, avete ottime probabilità di avere successo. Si tratta ora di muoversi nella direzione più appagante, e di farlo cercando di dare alla propria natura la possibilità di esprimersi scegliendo la professione giusta.

Fare ciò che piace, e per cui si è portati, è un'ottima premessa per fare bene, per divertirsi e riuscire con successo. Non solo, ma seguire le proprie attitudini aiuta a diminuire la frustrazione accumulata in anni di azioni imposte, di lavoro obbligato, di ordini non condivisi, di "non espressione" della propria personalità.

Fare ciò che piace e per cui si è portati, è un'ottima premessa per fare bene, per divertirsi e riuscire con successo, ma soprattutto per essere sereni.

SEGRETO n. 13: creare una libera professione non vuol dire semplicemente trovare un altro lavoro, ma fare qualcosa che vi faccia sentire realizzati.

Da bambini eravamo curiosi di tutto, sempre rivolti verso il mondo con occhi fiduciosi e sgranati, ansiosi di sperimentare, di provare, in una parola di vivere, di fare tutte le esperienze possibili. Da adulti abbiamo dimenticato tutto questo, non riusciamo più a guardare la realtà con occhi innocenti, non siamo più abituati a vedere le cose nelle loro infinite possibilità. Abbiamo perso lo stupore del bambino di fronte al nuovo. La realtà scorre davanti ai nostri occhi senza lasciare il segno, senza essere vista né vissuta.

Come inventarsi la professione

Ora che cominciamo a intuire cosa vorremmo realmente fare, dobbiamo muoverci cercando di realizzare l'attitudine personale come professione. Bisogna essere creativi e iniziare a guardarci intorno a 360 gradi. Nel mondo esistono le più svariate professioni, portate avanti naturalmente e con successo. Esistono tante professioni diverse che nemmeno riusciamo a immaginare!

Ci siamo fossilizzati sull'idea di una società dove le aziende offrono prodotti o servizi e danno lavoro ai dipendenti. In realtà esistono infiniti modi e forme diverse di lavoro: basta guardarsi intorno e vedremo le occupazioni più disparate. Apriamo la mente, aiutiamoci con Internet, con la ricerca di parole chiave, associazioni, club, settori professionali specifici, pubblicità, inserzioni ecc. La ricerca deve essere aperta e indirizzata alla tipologia di attività che più ci appassiona e che più si avvicina alla nostra disposizione d'animo.

Teniamo presente i seguenti punti:

- non immaginiamo di fare solo un'attività, ma pensiamo anche alle varianti (se faccio il venditore di macchine fotocopiatrici posso vendere accessori o servizi legati alle fotocopiatrici, come ad esempio ritiro e ricarica dei toner esausti);
- non cerchiamo solo quello che dà successo subito a tutti i costi, ci sono infinite attività poco appariscenti ma redditizie;

- non cerchiamo la ricchezza monetaria come obiettivo primario, ci sono altri tipi di ricchezza altrettanto importanti, ad esempio avere tempo libero, amici, cultura;
- il primo obiettivo è fare qualcosa che ci appaghi per gratificare il "bambino che c'è in noi", altrimenti tanto vale rimanere dipendenti;
- un certo grado di incertezza è inevitabile, non scoraggiatevi, anche Donald Trump è fallito due volte e ha ricostruito tutto;
- tutti coloro che hanno avuto successo non sono partiti dal nulla, non sono dei superuomini ma persone normali, che hanno provato e sperimentato strade differenti, errori e fallimenti prima di trovare la professione giusta;
- fare dei lavori sbagliati o non adatti non è un errore, ma è un passaggio obbligato per mettere a fuoco la professione giusta. Se cercate una soluzione senza rischi, allora continuate a fare i dipendenti, vi manca l'indole per la libera professione. Il vero imprenditore sa che una componente di rischio fa sempre parte della professione e che non sempre si vince;
- se vi lamentate dei rischi, è solo una scusa. Per cambiare ci vuole coraggio e per affrontare i rischi bisogna essere sicuri delle proprie capacità. Se non volete affrontare impegno e

incertezza, smettete di lamentarvi del vostro lavoro. L'azienda vi dà la sicurezza di cui avete realmente bisogno. Ci sono persone che da dipendenti si trovano bene e cercano soddisfazioni fuori dal lavoro: potrebbe essere lo stesso per voi.

La professione da identificare all'inizio avrà delle sfumature, non sarà possibile decidere subito cosa fare ma solo scegliere un campo d'azione. Quando inizierete con la nuova professione saprete davvero cosa vi aspetta. Le difficoltà e le vere problematiche non si possono prevedere se non passando alla pratica.

SEGRETO n. 14: arriverà un momento nella progettazione del vostro futuro professionale dove non potrete più tergiversare, ma il passo successivo sarà "fare", cioè buttarsi e iniziare concretamente a costruire il vostro futuro.

Un'ottima strategia è sfruttare l'azienda dove state lavorando come dipendente: cioè mantenere la sicurezza dello stipendio e dell'occupazione fino a che avrete preparato il terreno a sufficienza per fare il salto finale e portare orgogliosamente la lettera di dimissioni all'ufficio del personale.

Come valorizzare la professione attuale

Inventarsi una professione autonoma, all'interno del medesimo ruolo da dipendente, è molto meno faticoso che impadronirsi di un mestiere nuovo in un settore che non si conosce. Può benissimo capitare che, attualmente, svolgete un lavoro come dipendente che in fondo vi piace, ne sentite una naturale attitudine e in azienda avete sviluppato tecniche e imparato molto.

La naturale evoluzione è mettersi in proprio facendo la stessa cosa che state facendo da dipendente. Avrete l'enorme vantaggio di poter mettere a frutto anni di esperienza e conoscenza dall'interno dell'azienda e di "passare dall'altra parte della staccionata" conoscendo benissimo tutti i meccanismi aziendali.

trarre il massimo dalla vostra esperienza lavorativa come dipendenti e valorizzare appieno tutto ciò che avete imparato in azienda, per metterlo in pratica per voi stessi.

SEGRETO n. 15: se da libero professionista sceglierete di continuare il lavoro che state facendo da dipendente, avrete l'enorme vantaggio di sapere come si muove l'azienda, come opera e come prende le decisioni.

In questo modo sarà più facile rapportarsi con le aziende clienti e capirne i meccanismi interni. Ad esempio, se lavorate all'ufficio stampa e decidete di fare il giornalista free lance, sapete molto bene come muovervi da libero professionista rispetto alle aziende clienti. Considerate seriamente la possibilità di continuare con lo stesso lavoro, ma svincolati dai legami, obblighi e lungaggini dell'azienda: è una scelta che presenta meno difficoltà di inizio.

Fare il consulente è una scelta naturale, se si decide di fare in proprio lo stesso lavoro che si faceva in azienda. Il consulente, in questo caso, mette a disposizione di altre aziende la propria esperienza, know-how e capacità. Naturalmente bisogna rispettare i dati "sensibili" delle aziende dove abbiamo lavorato come dipendenti. Con saggezza, buon senso e tattica, vanno preservate tutte le informazioni che toccano segreti professionali e politiche interne non divulgabili.

Come fare in pratica

Ad esempio, se avete passato anni e anni in amministrazione, compilando moduli e tabelle, potreste pensare di mettere in piedi un servizio di gestione delle attività amministrative conto terzi. Oppure potete vendere mobiletti o porta file che riducano il disagio di consultare enormi elenchi cartacei. O ancora potete offrire un sistema di smaltimento documenti che faccia risparmiare tempo e offra la possibilità di trasformare la carta smaltita in pellet ecologici per il riscaldamento di casa ecc.

L'idea è di sfruttare le conoscenze acquisite da dipendente, consapevoli che in azienda le stesse competenze non vi avrebbero portato al successo. Conosciamo tutti le difficoltà di comunicazione, la paura del cambiamento e i rapporti con i superiori che caratterizzano solitamente gli ambienti di lavoro.

Nascondersi dietro la frase «Non so cosa fare come libero professionista» è solo una scusa che rivela la mancanza del reale coraggio di mettersi in gioco personalmente, di porre fine a un disagio tanto declamato con colleghi, conoscenti, amici e familiari. La capacità di comunicare con se stessi e con il proprio

Io è alla base della reale volontà di trovare una vita professionale più soddisfacente, meno frustrante e che possa realmente farci sentire appagati. La sensibilità nell'ascoltare i messaggi della nostra natura indica in che direzione trovare la nuova professione.

La nuova attività va costruita e sviluppata con l'azione, dal momento in cui si passa dalle parole ai fatti. Esistono al mondo una miriade di professioni inimmaginabili, perché non ne possiamo trovare una adatta a noi? Per trovare la carriera ideale, in primo luogo dovete capire voi stessi. Quali sono i vostri pregi e difetti? In cosa riuscite con facilità e cosa invece non sopportate? Se non fate chiarezza in voi, molto difficilmente riuscirete a trovare la professione più adatta.

RIEPILOGO DEL GIORNO 3:

- SEGRETO n. 11: non sapere cosa fare una volta lasciata l'azienda genera un senso di sconforto, che dipende dal fatto che la propria personalità è stata trascurata da anni. La nostra individualità c'è ma è sopita, priva di memoria, senza esercizio: basta solo risvegliarla!
- SEGRETO n. 12: prendete nota per iscritto dei giochi che più amavate da bambini.
- SEGRETO n. 13: creare una libera professione non vuol dire semplicemente trovare un altro lavoro, ma fare qualcosa che vi faccia sentire realizzati.
- SEGRETO n. 14: arriverà un momento nella progettazione del vostro futuro professionale dove non potrete più tergiversare, ma il passo successivo sarà "fare", cioè buttarsi e iniziare concretamente a costruire il vostro futuro.
- SEGRETO n. 15: se da libero professionista sceglierete di continuare il lavoro che state facendo da dipendente, avrete l'enorme vantaggio di sapere come si muove l'azienda, come opera e come prende le decisioni.

GIORNO 4:
Come muovere i primi passi

La persona che decide di lasciare un lavoro da dipendente per intraprendere la libera professione deve soprattutto maturare un cambiamento profondo di mentalità. Quello che ci vuole davvero è la determinazione a cambiare. Non basta seguire alcune regole pratiche su come fare: non è sufficiente. La "spinta verso il cambiamento" deve nascere da dentro.

Chi vuole diventare libero professionista deve essere pronto a farsi carico in prima persona della responsabilità della propria professione. Da questo momento in poi, ogni scelta, ogni successo o insuccesso dipenderanno solo da voi: non avete più l'azienda che vi copre le spalle, ora siete responsabili di voi stessi, non ci sono più scuse. Da oggi il vostro successo professionale è solo nelle vostre mani.

Come affrontare il giorno dopo le dimissioni

Avete fatto il grande passo e avete lasciato il lavoro. Un macigno sullo stomaco. Il peso di questa decisone si fa sentire qualche giorno dopo, passata l'euforia dei saluti e degli auguri da parte dei colleghi.

«Beato te che te ne sei andato». Adesso tutti vi invidiano e vorrebbero avere il coraggio di lasciare l'azienda come avete fatto voi. In realtà nessuno dei vostri colleghi ha mai fatto questo passo, eppure sono tutti prodighi di suggerimenti: «Secondo me dovresti proprio fare così», «Ti consiglio io: devi fare in questo modo». Ma se sono così esperti e bravi a dare consigli, così invidiosi della vostra scelta, perché non lo fanno anche loro? Se fosse facile lasciare il lavoro lo farebbero tutti.

Finalmente ve ne siete andati, non prima di aver detto tutto quello che pensate dell'azienda, dei colleghi e soprattutto dei capi. Avete liberato pensieri e critiche accumulate per anni, in un certo senso vi siete tolti un peso. Da dipendenti non potevate commentare liberamente persone e procedure.

Attenzione però a non abusare della libertà di parola che la vostra nuova condizione di dimissionari vi concede. Nel mondo del lavoro si incontrano spesso le stesse persone, soprattutto nel medesimo settore, pertanto conviene mantenere sempre buoni rapporti con tutti e lasciare la porta aperta. Lasciare un buon ricordo di sé non è mai sbagliato. Nessuno può sapere in anticipo cosa succederà in futuro, potrebbe benissimo accadere che da liberi professionisti vi capiti di lavorare per la stessa azienda che vi ha visto dipendenti.

Come fare in pratica

Salutate tutti con cortesia, l'obiettivo è lasciare un bel ricordo di sé e mantenere buoni rapporti con tutti. Non dimenticate che questa azienda vi ha dato lo stipendio per anni, cosa non da poco, ma soprattutto vi ha consentito di maturare una certa esperienza che ora portate con voi. Lavorare in azienda ha contribuito alla vostra maturità professionale e sociale.

Lasciare il lavoro non vi trova del tutto sereni, affrontare un futuro sconosciuto genera in voi una certa inquietudine. Accettate questo senso di timore con naturalezza, fa parte del vostro essere umani. Chiunque di fronte al cambiamento è ansioso. Quando si lascia una situazione certa per una sconosciuta, è naturale avere un certo timore, sarebbe strano il contrario! Accettate questo senso di "paura dell'ignoto" come una delle tante esperienze della vita, non negatelo, svanirà quando comincerete a organizzare concretamente la vostra nuova professione.

SEGRETO n. 16: l'iniziale senso di timore per la nuova vita da professionista svanirà quando comincerete a costruire concretamente il vostro futuro lavorativo.

Ora respirate a pieni polmoni l'aria fresca e pura della libertà. Tutta questa libertà e responsabilità improvvise sono scioccanti, soprattutto per chi ha passato molti anni della sua vita lavorando in azienda come dipendente.

Il lavoratore medio di solito non deve decidere nulla. Anche se il vostro ruolo da dipendente comportava un certo grado di responsabilità, ogni decisione era condivisa con altre figure aziendali. Ora il vostro tempo non è più scandito da orari fissi e mansioni abituali, le vostre giornate sono tutte da scrivere e spetta a voi decidere cosa farne. Cala il sipario, si calmano le acque e scende il silenzio. Siete soli e per la prima volta vi rendete conto dell'importanza del passo che avete compiuto. Potete contare solo sulle vostre forze, non quelle fisiche ma quelle dell'animo e della motivazione. Vi avviate con coraggio e pazienza, sapendo bene che tornare indietro è molto difficile.

Come muovere i primi passi

Come in *Alice nel Paese delle Meraviglie*, nei primi giorni da libero professionista sembra di essere in un parco giochi, finalmente liberi di pensare e fare quello che viene in mente in tema di lavoro. Non ci sono più i responsabili che vi avevano ostacolato da dipendenti, ora il lavoro scorre senza intoppi, finalmente siete liberi di dimostrare la vostra bravura ed esprimere appieno la vostra professionalità.

Ottenuta la libertà dal lavoro dipendete, il tempo inizia a correre e bisogna farne buon uso. Per la prima volta l'ex dipendente si trova da solo a decidere come gestire se stesso. Avere tanto tempo a disposizione all'improvviso può essere inebriante. Il tempo va gestito bene da subito, se si vuole avviare l'attività al meglio, ma senza sacrificare gli aspetti privati e ludici. Per prima cosa bisogna trovare il modo di far sapere al mondo che c'è un nuovo operatore del settore, una "lancia libera" pronta a prendere il mare, a richiesta e solo per il tempo che serve. Questo è il significato proprio del termine *free lance.*

Il libero professionista è un aiuto molto comodo per le aziende: si chiama nel momento del bisogno, si usa e poi si getta. Non dà fastidio, non richiede obblighi, non bisogna pagarlo se si ammala né pensare alla sua pensione, non ha legami continuativi con l'azienda, è ben chiaro come fare per averlo e come farne a meno. Il primo passo, e il più importante per iniziare l'attività, è dire a tutti che siamo disponibili.

Come fare in pratica

Come si inizia a lavorare da libero professionista? Il secondo passo nella libera professione è sfruttare le proprie conoscenze. Contattate amici nei vari settori di lavoro, sentite vecchi colleghi e considerate anche attività vicine a quella scelta per "diversificare" il più possibile e farvi conoscere.

Se vi specializzate in più settori, avrete più possibilità di lavoro. Se, ad esempio, un canale tira poco, o al momento non ha richieste, potete contare su altri canali. Sarebbe sbagliato concentrarsi solo su un'unica fonte di lavoro, pertanto diversificate il più possibile i beni o i servizi che offrite. In ogni settore è sempre possibile trovare una nicchia di mercato da sviluppare. La chiave del successo è molto semplice: capire cosa vuole il mercato e fornire proprio quello che chiede, ma che non sta ricevendo da altri operatori.

Muovere i primi passi è semplice. Le regole per un buon inizio sono: professionalità prima di tutto, precisione e fare sempre bene il proprio lavoro. Niente scuse, niente promesse, niente sotterfugi, niente chiacchiere ma solo fatti concreti.

Se si lavora bene le richieste arriveranno da sole. Più si lavora e più si è conosciuti, basta dare sempre il massimo e il passaparola tra i clienti funziona benissimo. Una buona reputazione è garanzia di continuità di lavoro. Lavorando si incontrano sempre persone del settore, e una cosa tira l'altra. Nel mondo del lavoro c'è sempre bisogno di qualcuno che sappia fare bene, serve sempre una mano esperta e risolutiva, bastano buon senso e buona volontà, e il lavoro viene da sé.

Come essere liberi di lavorare bene

Quanti dipendenti sono liberi di lavorare bene? Lavorare seguendo solo la propria coscienza professionale è una cosa meravigliosa, edifica lo spirito, si ha finalmente la sensazione di "fare" veramente, di essere vivi.

"Sentirsi realizzati professionalmente" non è più una frase fatta, non è più utopia, diventa la norma per ogni attività svolta da liberi professionisti. Il valore aggiunto che si crea è tutto merito vostro, è frutto del vostro lavoro. Il sogno di lavorare bene di ogni dipendente diventa finalmente realtà: è una sensazione fantastica!

Ogni idea nuova ne suggerisce altre, ogni incarico apre altre opportunità; finalmente liberi, si vedono varianti del proprio lavoro, si aprono nuove strade prima impensabili. Sono illimitate le possibilità di lavoro se si lascia spazio al normale pensiero creativo. Ogni nuovo giorno di lavoro è una scoperta, si vede tutto con occhi nuovi, pronti a cogliere spunti e opportunità professionali che prima non si vedevano. Nascono idee per nuovi lavori in ogni momento, facendo le cose in cui si riesce meglio e che piacciono di più.

SEGRETO n. 17: professionalità prima di tutto, precisione e fare sempre bene il proprio lavoro. Sono illimitate le possibilità di lavoro se si lascia spazio al normale pensiero creativo. Nascono idee e nuovi spunti di lavoro in ogni momento.

Quando sarà passato un po' di tempo, dopo che avete lasciato il lavoro da dipendenti, vi chiederete come mai non l'avete fatto prima. Quando incontrerete i vostri vecchi colleghi, vi renderete subito conto che per loro nulla è cambiato, che non fanno nulla di tutte le cose interessanti di cui voi vi occupate ora che siete liberi professionisti.

I discorsi degli ex colleghi sono sempre gli stessi: «Beato te che te ne sei andato», «Tu sì che vai bene », «Non ce la faccio più», oppure: «Ho mandato tot curricula e aspetto risposta». Sentire questi discorsi rafforza in voi la convinzione di aver fatto bene.

Come affrontare le difficoltà

Cadere e rialzarsi. Preparatevi al fatto che non potrà sempre andare tutto bene, ma non dovete per questo scoraggiarvi. Sarebbe stupido credere che il libero professionista non abbia mai problemi. La felicità incondizionata non esiste, se non per fugaci momenti, la si può riconoscere quando si fa l'esperienza della sofferenza.

Bisogna accettare che, anche da liberi professionisti, è possibile sbagliare: è la naturale condizione di ogni persona! Si sbaglia, certo, ma bisogna essere abbastanza forti da rimettersi in piedi e riprovare, o comunque fare una scelta, abbandonare una strada per ritrovare quella giusta e ricominciare. Avere la stoffa dell'imprenditore significa avere il coraggio di cavarsela da soli nonostante paure e difficoltà, se fosse sempre tutto facile allora lo farebbero tutti. Gli imprenditori di successo non sono più fortunati degli altri, ma hanno la forza d'animo di affrontare timori e problemi con la determinazione di superarli.

L'entusiasmo, la forza d'animo e un'autentica passione per il proprio lavoro sono le leve giuste per superare difficoltà e momenti di crisi. Come fanno gli scalatori ad arrivare in cima alla montagna? Iniziano il cammino un passo alla volta, desiderano arrivare in vetta e guardano sempre avanti. Per l'imprenditore non è diverso.

La libera professione è tanto libera quanto soggetta a sbagli di valutazione, errori, distrazioni ecc. Come per tutte le cose che facciamo, ci vuole un po' di tempo per prendere dimestichezza. Muoversi nella nuova professione è un po' come usare un nuovo attrezzo per la prima volta, una nuova auto, un computer, un elettrodomestico. La nuova condizione di professionista richiede più impegno e attenzione all'inizio ma, una volta partiti, la strada diventa sempre meno faticosa, basta non fare drammi quando si sbaglia.

Come fare in pratica

Per avere successo a un certo punto bisogna rischiare. Ogni nuova attività comporta sempre un lato imprevisto. Non sarebbe più "vita" come la conosciamo se non esistessero incertezze e rischi. Troppo facile fare solo quello di cui siamo sicuri, tanto varrebbe rimanere lavoratori dipendenti!

La sicurezza deve nascere dalle vostre capacità professionali, dalla volontà di fare al meglio e dall'energia che metterete da oggi in poi in ogni cosa. In una parola, dovete iniziare a credere in voi stessi; se non siete convinti, allora tanto vale giocare al totocalcio, come fanno tutti, e lasciare che sia il caso a decidere della vostra sorte.

Nella vita è normale cadere e rialzarsi molte volte. Sbagliare, riprovare, fare esperienza e imparare dai propri errori, sono tutte tappe obbligate di un naturale processo di apprendimento e di crescita. Come il bambino che, prima di imparare a camminare speditamente, cade, piange e si rialza molte volte senza mai rinunciare, anche il neoprofessionista deve imparare a reggersi sulle proprie gambe. Se alla prima caduta avessimo desistito, ora non saremmo nemmeno capaci di camminare da soli!

La sicurezza assoluta su tutto non ce la può dare nessuno. Essere capaci di affrontare l'incertezza significa semplicemente vivere da uomini normali, senza poteri particolari. Se l'incerto vi spaventa tanto, allora non siete pronti per lasciare il lavoro da dipendente.

Come organizzare l'attività

Da dipendente non potevate scegliere con chi lavorare, quali colleghi, partner o fornitori utilizzare. Da liberi professionisti, al contrario, dovete decidere voi. Spesso incontrerete persone sbagliate, che vi faranno perdere tempo, aziende male organizzate o mal dirette, fornitori inaffidabili o in malafede. Queste situazioni fanno parte delle normali difficoltà e rischi della vita professionale, sta a voi fare le scelte giuste e organizzarvi di conseguenza. Incontrerete persone incompetenti o disoneste in tanti settori, nel lavoro come nella vita privata, non potete farci nulla, però potete decidere di non avere a che fare con loro.

Essere onesti e offrire un lavoro di qualità talvolta potrebbe sembrare uno svantaggio nella libera professione, ma mantenere i nervi saldi e conservare la propria onestà professionale è una scelta che prima o poi ripaga in termini di buona reputazione e clienti soddisfatti.

Cosa fare nei tempi morti

Periodi con poco lavoro ci saranno sempre e sono da mettere in conto. Accettateli come un aspetto "fisiologico" dell'attività. Non scoraggiatevi se avete poco lavoro, al contrario, cercate di approfittare di questi momenti tranquilli per presentarvi a nuovi clienti, per pianificare un nuovo prodotto o servizio da offrire oppure per seguire quel corso di formazione che tanto vi interessa ma che non avete mai avuto il tempo di frequentare. Ad esempio potete cercare nuovi fornitori oppure mettere in ordine la vostra amministrazione.

SEGRETO n. 18: nei momenti di poco lavoro dedicatevi a tutte quelle attività che possono aiutarvi a crescere nella vostra professione o che, più semplicemente, non siete mai riusciti a completare per mancanza di tempo.

Potete dedicarvi, ad esempio, ad attività quali formazione, tenere in ordine la vostra contabilità, conoscere clienti nuovi o riprendere vecchi contatti. Presentatevi a tutte le aziende, enti o privati che potrebbero aver bisogno dei vostri servizi. Contattate amici, parenti e tutte le vostre conoscenze per promuovere la vostra attività. Proponetevi ad aziende di settori vicini al vostro.

Liberate la mente e lasciatela correre, valutate tutte le idee che vi vengono e prendete appunti. Non trascurate nessuna intuizione per quanto balzana possa sembrare. Prendete in considerazione qualsiasi strada da intraprendere e muovetevi subito in quella direzione, senza aspettare. Solo "facendo" saprete se siete sulla strada giusta.

All'inizio dell'attività bisogna sfruttare tutte le proprie conoscenze e diversificare il più possibile i beni o servizi che offrite per aumentare le possibilità di lavoro. Fate marketing di voi stessi.

Come fare marketing di se stessi

Avete preso la decisione, scelto la professione da sviluppare, varcato la soglia dell'azienda-mamma che prima vi accudiva: ora bisogna darsi da fare. Essere i più bravi e saper fare molto bene il proprio lavoro non è sufficiente.

Anche se offrite un prodotto unico sul mercato, è necessario che il mondo si accorga di voi, altrimenti avrete il magazzino pieno di prodotti che nessuno comprerà. Se invece di prodotti offrite servizi, vale lo stesso discorso: per prima cosa dovete far sapere al mondo che ci siete, studiare i vostri concorrenti, sapere chi sono, quanti sono, dove sono dislocati e cosa offrono rispetto a voi.

Bisogna rendersi conto che essere bravi, oppure offrire un buon prodotto, non conta quanto essere ben posizionati sul mercato. È una sapiente strategia di marketing che spinge la vendita: quindi, prima di intraprendere un'azione commerciale vera e propria, è opportuno dedicare tempo e risorse per fare un po' di marketing.

Contano molto di più i messaggi pubblicitari piuttosto che i contenuti del prodotto o servizio che si vende, questa purtroppo è la cruda realtà. Essere i migliori non serve a nulla se nessuno vi conosce, non fa alcuna differenza.

SEGRETO n. 19: essere bravi oppure offrire un buon prodotto non conta quanto essere ben posizionati sul mercato. Dedicate tempo e risorse per fare un po' di marketing.

Una buona azione di marketing deve suscitare curiosità nel mondo commerciale e aiuta a far conoscere la vostra presenza sul mercato. Ha senso spendere quasi di più in pubblicità che non nella ricerca e messa a punto del prodotto offerto, sia materiale che di servizio. Non dimentichiamo la folla dei "concorrenti" che offrono lo stesso tipo di prodotto: il nostro obiettivo è primeggiare.

Il marketing

- Che cos'è il marketing?
- Cosa fa il marketing?
- Di che cosa si occupa il marketing?

Questa parola così di moda, usata e abusata, è ormai sulla bocca di tutti. Ma quanti sanno davvero che cos'è il marketing?

Definizione di *marketing*

Marketing significa letteralmente "piazzare sul mercato" e implica l'insieme di tutte quelle azioni aziendali rivolte verso il mercato e finalizzate alla vendita. Il fine del marketing è dunque la vendita di prodotti, il mezzo è l'offerta di prodotti capaci di soddisfare una domanda generata da bisogni e desideri del "mercato di riferimento".

Per “mercato di riferimento” si intende il paese, la cultura, l’ambiente, il periodo storico, il contesto, il posizionamento del prodotto che offriamo rispetto alla concorrenza. Il mercato di riferimento è anche semplicemente un luogo fisico, ad esempio davanti a uno stadio olimpico, in un club di tennis, in una zona specifica della città, in un parco, una regione ecc.

Come fare in pratica

Proviamo ora un esercizio banale, immaginiamo che il nostro mercato di riferimento sia la **zona davanti a uno stadio di calcio**, niente di più familiare. Davanti a uno stadio infatti troveremo mediamente un certo genere di persone: ma chi sono queste persone?

- appassionati di sport in genere;
- appassionati di calcio in particolare;
- persone che desiderano condividere una passione comune con altri;
- persone che vogliono vedere la partita o i calciatori;
- persone che vogliono conoscere i risultati delle partite di prima mano;
- probabilmente un’età media di riferimento;

- persone che dedicano il loro tempo libero alla pratica di questo sport;
- qualcuno che ha accompagnato un amico, il marito ecc.;
- persone che cercano un momento di evasione, un'occasione per fare qualcosa di diverso, un momento di libertà;
- persone che desiderano appartenere a un gruppo più ampio, che cercano sicurezza;
- persone che hanno tempo libero nello stesso momento, che presumibilmente hanno un orario di lavoro simile, che abitano nella stessa città;
- persone con professioni diverse: operai, impiegati, disoccupati ecc.

Tracciando un identikit delle "persone tipo" che frequentano questo stadio, è possibile individuare un prodotto di loro interesse tra i vari articoli che commercializzate o servizi che offrite. Osservando l'ambiente e i suoi "frequentatori tipo", è possibile capire quale prodotto susciti il loro interesse fino a portarli alla decisione d'acquisto. Di conseguenza, dovete rendere questo prodotto ben visibile per il mercato di riferimento (cioè davanti allo stadio) utilizzando ad esempio una presentazione mirata.

Come catturare l'attenzione di queste persone? Certamente non con dei fogli di carta formato A4 scritti con carattere piccolo appesi ai muri, nessuno li noterà! L'obiettivo è di mettersi nei panni del "target di riferimento" e immaginare come un messaggio pubblicitario possa essere efficace **in quella situazione**, catturare **la loro** attenzione e colpirli dritto al cuore. Estremizzando, dei fogli sui muri ben difficilmente saranno notati, ma il calciatore più amato del momento, con il prodotto, proprio nel mezzo del campo da calcio, sarà notato da tutti!

Con un'attenta azione pubblicitaria, di volantinaggio, di offerta di oggetti promozionali, si potrà creare un certo interesse all'acquisto del prodotto nella moltitudine di gente. In una statistica dei grandi numeri, è molto probabile che alcune di queste persone finiranno per desiderare il prodotto.

SEGRETO n. 20: gli studi di marketing sono infiniti, ma basta poco per essere "proattivi". Con un po' di fantasia, e soprattutto immedesimandosi nella clientela, è possibile rendersi visibili al mondo nel modo più efficace.

Bastano pochi ingredienti per rendere la propria attività commerciale "proattiva". Anziché limitarsi ad aspettare senza fare nulla di mirato bisogna agire. Sarebbe come tessere una ragnatela e sperare che qualche ignaro cliente vi rimanga impigliato casualmente. Attendere senza far nulla per poi raccogliere non è dignitoso, non sarebbe positivo né edificante per il libero professionista.

I tempi sempre più stretti con i quali dobbiamo convivere al giorno d'oggi non consentono di aspettare semplicemente che succeda qualcosa senza far nulla. La giusta strategia deve tener conto della competitività di un mercato in continua evoluzione. Non possiamo davvero permetterci di vivere la giornata commerciale passivamente, come eravamo abituati a fare da dipendenti. Sarebbe come rimanere beati sulla spiaggia aspettando che le onde del mare arrivino da sole portate dalla marea, cariche di clienti e di soldi.

Quali sono gli ingredienti del marketing

Vediamo quali sono i semplici ingredienti per trasformare la propria attività da passiva, cioè facendovi semplicemente trainare dagli eventi della giornata, ad attiva, cioè guidando il proprio successo (o insuccesso) da protagonisti.

Ecco gli elementi per fare marketing e promozione:

- volontà;
- motivazione;
- immaginazione;
- osservazione;
- fantasia e intuito giocoso;
- buon senso;
- capacità di cogliere il momento giusto;
- attenzione razionale (costi verso benefici);
- un po' di coraggio, chi non rischia mai… non rosica.

Bisogna rendersi conto delle mille opportunità offerte da un'attenta "esposizione" al mondo della propria attività professionale. Ora dobbiamo "addobbare il mondo esterno", un mondo dove il pubblico interessato al nostro prodotto (che sia materiale o di servizi) è potenzialmente infinito. Affidiamoci a un attento studio di marketing per "indovinare" dove, quando e come esporre la nostra merce o servizi nel modo migliore.

Ogni prodotto ha i suoi potenziali clienti, basta trovarli e riuscire a raggiungerli con un messaggio efficace, cioè costruito su misura **per loro**. Dobbiamo immaginare chi può essere interessato a quello che vogliamo vendere, e dove trovarlo.

Come fare in pratica

Facciamo ora un semplice esempio concreto per dare l'idea dell'attività che ci deve coinvolgere: abbiamo creato e brevettato un nuovo accessorio per i motociclisti. Cosa devo fare ora che ho il prodotto? Per prima cosa individuate con precisione il target corretto di riferimento del vostro articolo, e muovetevi verso di esso. Il target di riferimento, in questo caso, è costituito da tutti gli utilizzatori di moto, motorini e scooter. Il prodotto va esposto proprio dove questo tipo di pubblico si riunisce, cioè nei luoghi frequentati abitualmente da chi usa la moto.

Trovate quattro o cinque posti dove vanno di solito i motociclisti, ad esempio un happy hour nella vostra città. Individuato il locale giusto, potete contattare il titolare e proporre di presentare il prodotto nel suo locale. Naturalmente sceglierete la fascia oraria frequentata dai motociclisti.

Che cosa può attrarre l'occhio di un motociclista? Una bella moto? Una bella ragazza? Articoli sportivi in tema? Proporrete allora al titolare del locale di parcheggiare una moto di nuovissimo modello, un prototipo oppure una moto d'epoca, proprio davanti al locale durante l'happy hour, oppure di invitare o assumere delle belle ragazze che presentino il vostro prodotto, oppure ragazze con la moto e una maglietta con il logo della vostra attività ecc… le possibilità sono infinite!

I dipendenti del locale possono indossare, ad esempio, una giacca da moto che riporta una simpatica pubblicità del prodotto, oppure potete fornire dei sottobicchieri o tovaglioli in tema e opuscoli divulgativi. Durante questi aperitivi potete vendere il nuovo prodotto a un prezzo di convenienza, oppure proporre un buono sconto su acquisti successivi.

Ovviamente queste iniziative hanno un costo che, se gestito bene, potrà andare in pari o poco al di sotto del ricavato, ma saranno comunque soldi spesi bene perché avrete investito nella vostra visibilità, facendovi conoscere con pubblicità e divulgazione. Come vedete le possibilità sono infinite, basta saperle creare!

Questo è solo un semplice esempio riferito a un preciso articolo, ma mostra il tipo creatività che serve per "addobbare" il mondo esterno in modo mirato, per far crescere la probabilità di conoscenza e quindi di vendita della vostra merce o servizio... in un certo senso una forma di investimento sul prodotto!

Come vendere le proprie capacità

Se invece quello che offrite è una consulenza, dovete proprio mettervi in testa che state vendendo la vostra professionalità. Non si tratta più di vendere un prodotto materiale comunemente inteso, ma di proporre la vostra competenza, il vostro carisma, il vostro know-how e, a volte, anche solo la vostra presenza.

In pratica, il consulente interviene per far avvenire le cose, in un certo senso per sollevare capi, dirigenti e responsabili in genere dall'onere e dalla responsabilità di aver preso una decisione piuttosto che un'altra. Soprattutto quando ci sono problemi, è di grande sollievo rendere il consulente responsabile di quanto sta accadendo. Chiaramente in questi casi non è colpa di nessuno in particolare, ma spesso di lungaggini e procedure infinite tipiche dell'operatività delle aziende.

SEGRETO n. 21: spesso per le aziende il consulente agisce semplicemente da "catalizzatore" per concludere un processo di intenzioni già avviato ma ancora non realizzato in concreto.

Essere bravi nel "marketing di se stessi" diventa un lavoro "politico" che implica sapersi muovere nel modo giusto e dire le cose giuste senza compromettersi troppo. Bisogna imparare a destreggiarsi correttamente nei meandri dei meccanismi aziendali, senza dimenticare di rispettare i delicatissimi giochi di ruolo presenti in ogni azienda.

Vendersi come consulente vuol dire offrirsi come "pedina politica", una figura che sa rispettare molto bene i meccanismi operativi aziendali. Bisogna individuare nell'azienda un bisogno che, guarda caso, potete colmare proprio voi con il vostro servizio di "presenza". Spesso, le azioni suggerite dal consulente non sono altro che consigli di buon senso, soluzioni del tutto normali, senza alcun contenuto straordinario.

Il trucco sta nel prendersi la responsabilità di aver deciso al posto degli altri. Magari in azienda c'è già la soluzione, ma è necessaria una figura esterna che faccia da “catalizzatore” per arrivare alla conclusione. Finché spetta ai dirigenti decidere, nessuno fa nulla, ma se lo dice il consulente allora sono tutti d’accordo e contenti!

Appena ne avete l’occasione, e la dovete creare perché mossi da un’autentica motivazione, uscite subito e andate incontro ai possibili clienti. Lo studio del marketing e delle differenti possibilità che avete per farvi conoscere è davvero divertente e di grande soddisfazione. Tutto l’impegno messo per raggiungere un obiettivo nel quale credete veramente dà sempre qualche risultato, anche un semplice miglioramento.

Il “marketing di se stessi” diventa una strategia importantissima per promuovere i propri prodotti o servizi. Non dimenticate che il consulente esterno è una figura decisiva per quelle aziende troppo burocratiche che difficilmente arrivano ad azioni concrete e risolutive. Parleremo in seguito di tutti gli strumenti a disposizione del libero professionista, sia per farsi conoscere che per organizzare i tempi e l’amministrazione.

RIEPILOGO DEL GIORNO 4:

- SEGRETO n. 16: l'iniziale senso di timore per la nuova vita da professionista svanirà quando comincerete a costruire concretamente il vostro futuro lavorativo.
- SEGRETO n. 17: professionalità prima di tutto, precisione e fare sempre bene il proprio lavoro. Sono illimitate le possibilità di lavoro se si lascia spazio al normale pensiero creativo. Nascono idee e nuovi spunti di lavoro in ogni momento.
- SEGRETO n. 18: nei momenti di poco lavoro dedicatevi a tutte quelle attività che possono aiutarvi a crescere nella vostra professione o che, più semplicemente, non siete mai riusciti a completare per mancanza di tempo.
- SEGRETO n. 19: essere bravi oppure offrire un buon prodotto non conta quanto essere ben posizionati sul mercato. Dedicate tempo e risorse per fare un po' di marketing.
- SEGRETO n. 20: gli studi di marketing sono infiniti, ma basta poco per essere "proattivi". Con un po' di fantasia, e soprattutto immedesimandosi nella clientela, è possibile rendersi visibili al mondo nel modo più efficace.

- SEGRETO n. 21: spesso per le aziende il consulente agisce semplicemente da “catalizzatore” per concludere un processo di intenzioni già avviato ma ancora non realizzato in concreto.

GIORNO 5:
Come gestire il tempo da professionista

Per il dipendente che diventa libero professionista, la gestione del tempo cambia fin da subito. Più libertà, maggiore autonomia, migliore espressione della propria creatività e l'intera giornata a disposizione.

Il tempo è una ricchezza, non è una novità, e il libero professionista, oltre alla competenza, offre la sua presenza come specialista. Il professionista deve gestire quello che sa fare, offrire cioè consulenza, servizi e prodotti in genere. La presenza del libero professionista è uno dei prodotti in vendita, come se fosse un qualsiasi altro articolo materiale che il committente può acquistare.

Sia che vendiate statuette scolpite a mano, servizi di consulenza finanziaria, mano d'opera specializzata, riparazione di televisori, oppure preparazione di squadre sportive ecc., quello che vendete in definitiva è il "tempo" che avete speso per l'incarico. La giornata del professionista non è illimitata, al contrario è una risorsa che si esaurisce. È un valore estremamente prezioso, va gestito seriamente e con razionalità. Il libero professionista deve avere il controllo del suo tempo in ogni momento.

La nuova gestione dei momenti liberi non è semplice, all'inizio può essere scioccante e difficile da organizzare, soprattutto per una persona che ha sempre lavorato come dipendente in azienda. Essere padroni di tutto il proprio tempo è un po' come diventare ricchi all'improvviso: il rischio è quello di sperperare subito questa nuova ricchezza inaspettata!

Gestire la giornata lavorativa da libero professionista non vuol dire dormire la mattina fino a tardi, né prendersi settimane intere di vacanza senza fare nulla. Il dipendente non è abituato a gestire il suo tempo, pertanto, quando diventa professionista, deve darsi delle regole da subito per non sprecarlo.

Il dipendente non decide autonomamente quante giornate dedicare all'azienda, è stabilito dal contratto di lavoro. Nemmeno si pone il problema di "come usare" il suo tempo di lavoro, tutto è già pianificato, dalla pausa per il pranzo fino all'orario di uscita serale. Sono stabiliti anche i giorni di riposo settimanali e le ferie. Egli in realtà si ritrova a gestire solo una piccola parte del tempo della sua vita, ad esempio dalle 17:30 fino al momento di andare a dormire, i fine settimana e le ferie. Il dipendente, oltre a non esprimere naturalmente le sue reali capacità, non può nemmeno gestire il suo tempo, un vero letargo dell'anima!

La gestione del tempo rappresenta un tema davvero importante nella nuova vita da libero professionista. Non ci sono più cartellini da timbrare, giustificazioni da presentare, vincoli e permessi. Non c'è più nemmeno l'assillo di giustificare a terzi cosa si sta facendo, dove si vuole andare, con chi e a fare cosa. Il tempo del professionista rappresenta uno dei beni principali che vende, è un vero tesoro e va gestito con cura.

SEGRETO n. 22: il tempo del professionista va gestito da subito in modo oculato. Stabilite delle regole e rispettatele con costanza.

Una buona gestione del tempo permette anche di ritagliare dei momenti per se stessi, per la propria formazione, per la famiglia, per gli hobby, per gli amici, per la fidanzata, per tutti gli usi che se ne vuole fare. Il nuovo utilizzo del tempo potrebbe essere paragonato a quello di una nuova macchina: non basta impararne i comandi ma, per riuscire a gestirla al meglio, bisogna anche capirne la logica, conoscerne i limiti e infine acquisire una naturale sensibilità di manovra.

Un'idea concreta della gestione del tempo

Se un professionista riesce a vendere duecento giornate in un anno, è già molto bravo! Pensiamo alle centosessantacinque giornate che avanzano: sembrano tante, ma in realtà sono quelle che restano per preparare il lavoro, per cercare clienti, per occuparsi dell'amministrazione, per aggiornarsi, per rispondere alle email, per tenere i contatti con tutti, per preparare i preventivi, per organizzare altri lavori in vista di un progetto in evoluzione, per sviluppare incarichi che poi magari non saranno confermati, per occuparsi dell'attrezzatura ecc.

Da non dimenticare che in queste centosessantacinque giornate ci sono anche ferie, momenti di riposo, giorni di malattia, uscite con gli amici e con la famiglia. Vediamo subito da questi semplici conti che il tempo che rimane al libero professionista va amministrato attentamente, le attività sono davvero tante e non ci si può permettere di sprecarlo.

Se la struttura che offrite al mercato è composta solo da voi stessi (idraulico, meccanico, consulente, artigiano, farmacista ecc.) è chiaro che c'è un limite a quello che potete fare da soli. Il passo successivo sarebbe quello di strutturare la vostra impresa assumendo altre persone che vi aiutino, ma in questo caso le cose si complicherebbero parecchio, con cedolini paga, contributi, consulente del lavoro, senza dimenticare la gestione delle persone (comunicazione, leadership, rapporto titolare/dipendente ecc.), anch'essa impegnativa.

Come fare in pratica

A ottobre chiama il tal cliente e dice che ha bisogno tre giornate di lavoro a febbraio, suddivise in tre settimane diverse. Chiaramente, se siete liberi, d'impulso rispondereste subito di sì, ma se poi chiama un altro cliente per lo stesso periodo (magari prospettando più giornate vendute e una maggiore visibilità) vi trovate in difficoltà. Da una parte non si può rifiutare nessun incarico, dall'altra non si possono nemmeno rinnegare gli impegni presi in precedenza con i clienti. In casi come questi bisogna imparare a confermare il primo impegno senza fissare subito le date definitive, per quanto possibile. In questo modo rimane la possibilità di inserire altri lavori successivamente. Bisogna lasciare le porte sempre un po' aperte, e non dare mai ai committenti la sensazione di poter chiamare il giorno prima senza la programmazione necessaria.

L'obiettivo del libero professionista è offrire un servizio e, al tempo stesso, acquisire clienti. Rassicuriamo quindi il primo committente dicendo che per il periodo richiesto saremo sicuramente disponibili, ma che faremo avere le date esatte in seguito, perché siamo impegnati con altri committenti.

SEGRETO n. 23: il libero professionista "vende il suo tempo": deve saperlo fare bene, nel modo più profittevole per se stesso ma anche più corretto verso le esigenze dei clienti.

Come attribuire il giusto valore al tempo

Il titolare di una concessionaria di automobili manda uno dei suoi meccanici dal ferramenta per fare un duplicato della chiave di casa. «Tanto il meccanico è un mio dipendente, l'ho già pagato, quindi non mi costa nulla in più», pensa lui. Il meccanico in realtà spende un'ora e mezza per recarsi dal ferramenta, parcheggiare, fare il duplicato della chiave, fare la coda alla cassa per pagare, fermarsi a prendere un caffè ecc. Di fatto non lavora in officina per un'ora e mezza.

Il questo caso la risorsa è il tempo del meccanico, si chiama "manodopera". Il concessionario la rivende ai clienti, ad esempio, a quarantacinque euro l'ora. Quindi, l'ora e mezza usata per fare il duplicato è un mancato guadagno di almeno sessantasette euro e cinquanta centesimi, più i ricambi che il meccanico avrebbe potuto montare in questa ora e mezza, sui quali per la concessionaria c'è un bel margine di guadagno.

Per il titolare sarebbe stato molto più conveniente cambiare tutta la serratura! La risorsa tempo deve essere valorizzata in modo corretto e in tutti i suoi aspetti.

Come gestire il tempo libero

Iniziamo considerando il tempo libero perché è il cambiamento maggiore nella vita del dipendente che ha intrapreso la libera professione.

Il tempo libero per il professionista, o comunque per il lavoratore in proprio, non esiste più! Difficile da credere? In realtà è proprio così, è molto difficile distinguere il tempo libero da quello lavorativo, soprattutto se la professione scelta rispecchia i nostri profondi desideri e la nostra naturale indole. Il professionista è sempre impegnato, anche quando non lavora pensa sempre alla professione, ad esempio creando nuovi canali, mettendo ordine nella contabilità, preparando un nuovo incarico ecc. Il tempo del professionista si sussegue in modo indifferenziato, tempo di lavoro e tempo libero sono tutt'uno.

Unico "neo" del tempo libero da professionista, è che diventa davvero innaturale non fare nulla! A volte è anche difficile il confronto con il tempo degli altri. Ad esempio, immaginiamo il professionista che si trova con amici (magari lavoratori dipendenti) per godersi il fine settimana in spiaggia o allo stadio senza particolari pensieri. Il professionista in questo caso si trova spiazzato. Egli tende a pensare sempre al suo lavoro, a tenere il cellulare acceso, perché per lui trascorrere la giornata senza fare nulla è insolito, non è abituato. Il professionista è così appagato e coinvolto nel piacere della creazione di se stesso, sia nel lavoro che nella vita di tutti i giorni, che stare fermo non gli viene naturale!

SEGRETO n. 24: per il professionista è molto difficile distinguere il tempo libero da quello lavorativo, soprattutto se la professione scelta ne rispecchia i desideri profondi e l'indole naturale.

Come fare in pratica

Ecco una mattina tipica da consulente. State andando a ritirare la stampa di una relazione che avete scritto per un cliente. Vi fermate ad acquistare un cavetto che vi servirà per una presentazione in programma la settimana prossima. Di ritorno dalla tipografia, passate da un amico per parlare di un progetto che state sviluppando insieme e che forse porterà del lavoro. Nel frattempo chiama vostra moglie, dicendo che c'è da andare a prendere la figlia a scuola. Mentre guidate, ricevete una telefonata sul cellulare (in vivavoce) dal direttore acquisti di una nuova azienda per un possibile futuro ingaggio.

Per contro il tempo libero, inteso come tempo da dedicare interamente a se stessi (andare dal parrucchiere, comperarsi la panca per gli addominali, portare il cane dal veterinario), il libero professionista se lo ritaglia come e quando vuole, a condizione che sia riuscito a gestire bene il suo tempo di lavoro. In poche parole, la buona gestione del tempo permette di prendersi un momento libero per se stessi **quando si vuole**, quindi sempre, ma nei momenti di lavoro particolarmente frenetico potrebbe anche capitare che non si riesca ad avere **mai** momenti liberi!

Difficile? Nulla di tutto questo, la gestione del tempo diventa "gestione di vita", dove ogni impegno trova la sua giusta collocazione. Dopo un po' gestire il tempo diventa naturale. Oltre alla propria memoria e capacità organizzativa, per fortuna ci sono diversi strumenti che possono aiutare il professionista a organizzare anche le giornate più frenetiche.

SEGRETO n. 25: la gestione del tempo del professionista diventa "gestione di vita", dove ogni impegno trova la sua giusta collocazione.

Ci sono alcuni strumenti dei quali il libero professionista non può fare a meno: auto, computer, cellulare, agenda, stampante, fax, navigatore satellitare, biglietti da visita, sito web, posta elettronica, cancelleria e raccoglitori per l'amministrazione, abiti da lavoro e naturalmente tutti gli strumenti specifici della professione. Tutti questi oggetti sono "strumenti di lavoro" e, come tali, devono funzionare sempre e perfettamente: curatene l'acquisto e la manutenzione.

Come gestire il tempo professionale

Il tempo impiegato durante l'esercizio della professione è totalmente dedicato, a grande vantaggio della qualità e del risultato finale. Il vostro prodotto parla di voi, è di qualità e si vede, conferma la soddisfazione del committente e magari può attrarre nuovi clienti. Chi vi vede all'opera potrà chiedere il vostro biglietto da visita!

Fantastico, vero? Lavorando si migliora la propria reputazione e ci si fa conoscere dai potenziali clienti. Un incarico svolto con anima a corpo, in tutta concentrazione, non può che essere un successo e di soddisfazione per tutti, sia per il cliente che per il fornitore. E non dimentichiamo la vostra personale soddisfazione di aver fatto tutto il possibile per offrire serietà e dedizione... d'altra parte le avete vendute!

SEGRETO n. 26: lavorare in tutta concentrazione è la premessa per avere successo. Non dimenticate la soddisfazione personale di aver fatto tutto il possibile per offrire serietà e dedizione.

Il tempo dedicato al lavoro è totale come non mai! Il professionista sa che, anche se può capitare di lavorare diciotto ore al giorno per un incarico, senza sollevare mai la testa e con gran fatica, è solo per un numero di giornate concordate. Infatti, l'incarico ha un tempo prestabilito.

Ad esempio, il cliente ha bisogno "quattro giornate". In questi quattro giorni il professionista potrà concentrasi totalmente su questo unico incarico, dando tutto se stesso, tanto sa bene che l'impegno ha un limite ben preciso. Finita la missione, il professionista potrà tornare alla sua personale gestione del tempo.

SEGRETO n. 27: la gestione del tempo è affascinante, intrigante, creativa, è un gioco a incastri dove finalmente il professionista è padrone dello scorrere della sua vita, dalla mattina alla sera.

Se anche l'incarico si rivelasse particolarmente sgradevole, con compagni di lavoro insopportabili o poco collaborativi, per un consulente non è un problema, tanto per quattro giorni si può anche resistere. La cosa è ben diversa rispetto a un lavoratore dipendente: se proprio l'incarico è ingestibile, un libero professionista può sempre rifiutarlo!

Cosa farebbe invece un lavoratore dipendente nella situazione analoga? Un dipendente, se trova situazioni che non gli piacciono e che non dipendono da lui, non ha scelta. Di certo non può cambiare l'azienda e nemmeno licenziare il collega impossibile!

Se il dipendente non si trova bene in azienda, ha solo due possibilità: o cambia lavoro o sopporta. I malumori nati in azienda non lo abbandonano mai. Un vecchio adagio dice che tutti quelli che lavorano sono allegri il venerdì perché finisce la settimana lavorativa, e sono tristi il lunedì perché devono rientrare in azienda. Per il professionista è il contrario: quando lavora è entusiasta e quando non lavora si annoia.

Come gestire le proposte di lavoro

Il tempo è l' "unità di misura" per valutare ogni nuova proposta di lavoro, ancor prima degli aspetti economici, di competenza e risorse. Per stimare il valore di un incarico, il professionista si chiede: quanto tempo devo dedicare per svolgere quel lavoro che prevede, ad esempio, nove giorni di impegno? Quanta risorsa in termini di tempo dovrò utilizzare per portare a termine questo nuovo incarico?

Ogni nuovo incarico richiede un tempo di preparazione: aggiornare la conoscenza personale, trovare le risorse, organizzare la logistica, prevedere i cambi di rotta del committente, gli intoppi di percorso, le difficoltà, gli imprevisti ecc.

SEGRETO n. 28: oltre al tempo utile per svolgere l'incarico specifico, bisogna calcolare anche quanto tempo serve per la sua preparazione, considerando anche un margine per la gestione degli imprevisti.

Come fare in pratica

Ad esempio: tre giorni di evento per il lancio di un nuovo prodotto, ne richiedono magari altri quindici di preparazione e movimentazione risorse. Ovviamente, il committente non pensa al tempo per la preparazione, ma solo al costo di quelle tre giornate! Il costo dell'evento deve comprendere anche il tempo necessario per prepararlo, di conseguenza il cliente deve essere consapevole che per l'evento pagherà un totale di diciotto giornate.

Con un po' di fiuto, le domande giuste e una buona dose di esperienza, il professionista riuscirà a capire se accettare o meno l'incarico offerto. I costi, in termini di tempo complessivo (incarico + preparazione), devono essere entrambi pagati dal cliente. Nel concordare l'incarico si può, ad esempio, presentare un piano di lavoro per iscritto, così da chiarire l'impegno complessivo.

Naturalmente può anche capitare di sbagliare e accettare incarichi dove il compenso non ripaga tutto il tempo e l'impegno dedicati. A volte, soprattutto all'inizio, quando si ha meno esperienza, è possibile commettere un errore di valutazione, del quale ci si rende conto solo dopo aver finito il lavoro. L'etica professionale e il proprio buon nome non permettono di tirarsi indietro, bisogna ultimare l'incarico ugualmente, mantenendo l'impegno preso. In questo caso il professionista avrà fatto esperienza per le volte successive. Se non altro, lavorando, si ottengono nuovi contatti e ci si fa conoscere. Anche nelle situazioni critiche bisogna cercare sempre una nota positiva!

Per riassumere: uno dei primi passi nel passaggio da dipendente a libero professionista riguarda la valorizzazione del tempo. Deve essere gestito fin da subito. Il tempo del libero professionista diventa il suo valore aggiunto maggiore, deve farne tesoro e gestirlo bene. Mai sminuirlo: «Tanto domani sono libero», oppure «Non mi costa nulla andare lo stesso». Un lavoro non pagato nella giusta misura vi costa eccome: vi costa il tempo che non impiegate per altri incarichi.

Una buona e consapevole gestione del tempo non solo permette di venderlo al meglio, ma di dedicarne anche a se stessi, alle proprie passioni e ai nuovi progetti. Il denaro potete sempre risparmiarlo o farvelo prestare, ma il tempo è vostro, e se lo usate male non ve lo ridà nessuno!

RIEPILOGO DEL GIORNO 5:

- SEGRETO n. 22: il tempo del professionista va gestito da subito in modo oculato. Stabilite delle regole e rispettatele con costanza.
- SEGRETO n. 23: il libero professionista "vende il suo tempo": deve saperlo fare bene, nel modo più profittevole per se stesso ma anche più corretto verso le esigenze dei clienti.
- SEGRETO n. 24: per il professionista è molto difficile distinguere il tempo libero da quello lavorativo, soprattutto se la professione scelta ne rispecchia i desideri profondi e l'indole naturale.
- SEGRETO n. 25: la gestione del tempo del professionista diventa "gestione di vita", dove ogni impegno trova la sua giusta collocazione.
- SEGRETO n. 26: lavorare in tutta concentrazione è la premessa per avere successo. Non dimenticate la soddisfazione personale di aver fatto tutto il possibile per offrire serietà e dedizione.
- SEGRETO n. 27: la gestione del tempo è affascinante, intrigante, creativa, è un gioco a incastri dove finalmente il professionista è padrone dello scorrere della sua vita, dalla mattina alla sera.

- SEGRETO n. 28: oltre al tempo utile per svolgere l'incarico specifico, bisogna calcolare anche quanto tempo serve per la sua preparazione, considerando anche un margine per la gestione degli imprevisti.

GIORNO 6:
Come gestire gli aspetti economici

Il dipendente che diventa un libero professionista deve imparare a gestire non solo il suo tempo, ma anche i suoi soldi e tutti gli aspetti economici e amministrativi in genere. Il nuovo denaro va gestito in un modo impensabile per chi ha fatto sempre e solo il dipendente.

L'impiegato riceve direttamente sul proprio conto corrente un accredito regolare che rappresenta lo stipendio netto. Non deve preoccuparsi di pagare le tasse, né di accantonare soldi per la pensione o la malattia, non deve versare l'IVA né destreggiarsi in una miriade di vincoli e balzelli insidiosi, che gravano invece sulla gestione economica del libero professionista.

Essere liberi professionalmente significa anche occuparsi di tutto quanto riguarda la gestione del flusso di denaro. Il dipendente sa bene quanto percepisce di stipendio, basta leggere l'importo netto in busta paga, e conosce anche la data esatta dell'accredito. Per il professionista invece è più difficile capire esattamente quanto guadagna e quando riceverà i soldi. Per sapere quanto gli resta in tasca deve prima pagare tutte le tasse. Il professionista non sa con precisione quando verrà pagato. Certo si cerca di concordare con il cliente i termini di pagamento, ma spesso e volentieri ci sono ritardi, soprattutto con le grandi amministrazioni.

Quello che si deve fare è cambiare mentalità e abituarsi a ragionare in modo diverso, perché non c'è più l'azienda-mamma che pensa a tutto, ora siete la ditta di voi stessi e dovete imparare ad amministrarvi da soli!

SEGRETO n. 29: quello che si deve fare da subito è cambiare mentalità: ora siete la ditta di voi stessi e dovete imparare ad amministrarvi da soli!

Il dipendente ragiona in funzione del fine mese, sa esattamente quanto riceverà di stipendio e passa il mese successivo ad aspettare il prossimo accredito. Tutto un mese cercando di far quadrare i conti secondo il proprio menage familiare, sognando di realizzare i propri desideri, fino al prossimo stipendio! Il libero professionista, al contrario, deve ragionare su scala annuale (non mensile) e considerare l'andamento generale annuo del suo flusso di cassa. Il professionista pensa in termini di "quanto spendere" in funzione delle entrate che ha, e di quelle che stanno per arrivare.

La nuova gestione del denaro non deve focalizzare troppo sul presente, ma ragionare piuttosto in termini generali, guardando l'andamento complessivo del lavoro, in particolare fatture emesse e tempi di pagamento. Il professionista sa bene che il suo lavoro sarà tassato in funzione del guadagno annuo che avrà saputo realizzare.

Ci saranno giorni, o settimane, durante le quali non si lavora, a differenza del dipendente che viene pagato anche se è a casa in malattia, oppure in ferie. Il libero professionista, quando è fermo e non sta lavorando, non guadagna nulla. È una condizione spaventosa da vivere, soprattutto nei primi tempi in cui le commesse di lavoro sono poche e diradate nel tempo. Si spende come d'abitudine per il menage quotidiano e ci si rende conto che il tempo passa, ma il tempo trascorso non è remunerato, è tempo a guadagno zero, è tempo che scorre senza portare entrate economiche. Il cambio di mentalità è proprio questo: essere capaci di ragionare in termini di lungo periodo, guardando avanti su scala annua. Nei primi tempi da professionista le entrate economiche per le fatture emesse non saranno regolari, come anche il lavoro effettivamente erogato.

Significa che per giorni e settimane non si riceve nulla. Poi, a un tratto, i clienti pagano e arriva magari qualche migliaio di euro. Sembra di essere subito ricchi senza aver fatto nulla, si dimentica l'impegno speso tempo addietro per portare a termine un incarico, si percepiscono soldi posticipati nel tempo, magari tutti insieme.

La tentazione immediata è di comperare cose, sperperare soldi (tanto ne sono arrivati un po'), ma ciò è molto dannoso. Per analogia, pensiamo al dipendente che invece di essere pagato mensilmente è retribuito una volta ogni tre mesi, riceve cioè una busta paga tre volte maggiore del solito e subito ha la tentazione di spendere tutto! Bisogna invece essere ragionevoli e considerare che i soldi ricevuti vanno divisi nel tempo trascorso, compreso il tempo non lavorato.

Conto economico a grandi linee

La regola fondamentale da tenere bene a mente è questa: *il guadagno del libero professionista è lordo.*

Reddito lordo (da tassare) = soldi percepiti da fattura
– IVA (anticipata dal cliente)
– costi sostenuti per fare il lavoro

LAVORO PAGAMENTO IVA COSTI

L'importo ricevuto con il pagamento di una fattura **meno l'IVA** (da versare in genere trimestralmente) rappresenta il **guadagno lordo**, che è ulteriormente tassato secondo determinate aliquote, cioè a fine anno si pagheranno le imposte in base al reddito prodotto complessivamente nei dodici mesi precedenti.

SEGRETO n. 30: i pagamenti ricevuti dai clienti non vanno spesi subito, perché sono ancora da tassare. Prima di spendere, il libero professionista deve accantonare i soldi per pagare le imposte.

Le tasse non vengono applicate subito sul guadagno lordo, prima bisogna togliere le spese sostenute per realizzare il lavoro. Ad esempio: se ho guadagnato cento euro lordi, ma ho dovuto sostenere una spesa di sessanta euro in attrezzature per portare a termine l'incarico, allora l'imposta graverà sui quaranta euro di differenza, cioè sul **guadagno netto** (ricavi meno spese).

Ecco perché il libero professionista deve cercare di acquistare tutte le attrezzature, oggetti e beni in genere che gli permettono di svolgere la professione, per abbattere il lordo fatturato. Questo a grandi linee è il concetto da seguire.

SEGRETO n. 31: tutte le spese utili per la professione sono da sottrarre al reddito lordo percepito. Sulla differenza si pagheranno le imposte.

Come gestire le fatture di vendita

Ogni volta che il professionista esegue una prestazione professionale, oppure vende un prodotto, deve emettere regolare fattura. Le fatture sono numerate, progressive e datate il giorno dell'emissione. Solitamente, finito il lavoro, è bene emettere subito la fattura. Al costo del servizio o del bene fornito, che si chiama imponibile, va aggiunta una percentuale che è l'IVA.

Ogni tre mesi, oppure ogni mese per grossi volumi di lavoro, il professionista paga allo Stato la somma dell'IVA di tutte le fatture emesse nei mesi precedenti.

Come gestire l'IVA

L'IVA rappresenta l'imposta sul valore aggiunto. È una tassa che va allo Stato tutte le volte che c'è una transazione di lavoro o la fornitura di beni o servizi. L'IVA generalmente si paga ogni tre mesi, ma non è importante la scadenza per ora, sono invece fondamentali i seguenti punti:

- l'IVA deve essere versata allo Stato;
- non bisogna mai ritardarne il pagamento oltre la scadenza stabilita, pena sanzioni sproporzionate.

L'IVA, per l'imprenditore e per il libero professionista, è sostanzialmente un "giroconto": si ricevono i soldi dal committente che ha chiesto un intervento professionale, e si girano allo Stato. Una scocciatura, un pensiero in più, una noia, un fastidio… apparente, soprattutto all'inizio quando non si è ancora entrati nella mentalità giusta.

Quando un cliente ci paga l'IVA, non sono soldi in più che dà a noi, da spendere a nostro piacimento, ma sono soldi che poi dovremo corrispondere allo Stato. Non bisogna montarsi la testa di fronte a pagamenti più alti per via dell'IVA, non sono soldi nostri ma vanno accantonati subito. Questo è il classico errore di chi non è abituato a gestire l'IVA, in particolare quando riceve pagamenti consistenti. L'IVA non è per noi e va subito accantonata.

SEGRETO n. 32: l'IVA ricevuta dai clienti non è da spendere a nostro piacimento ma sono soldi che poi dovremo corrispondere allo Stato, vanno accantonati subito senza montarsi la testa.

L'IVA da versare deve diventare un impegno fisso, da non dimenticare mai. Basta organizzarsi per tempo e avere ben presenti i flussi di cassa della propria attività, in entrata e in uscita.

Come gestire le fatture di acquisto

Come già accennato, tutti gli strumenti e i beni che il libero professionista acquista per svolgere il proprio lavoro (computer, cellulare, attrezzi, licenze ecc.) possono essere "scalati" dal guadagno complessivo. Essi rappresentano i costi sostenuti per produrre reddito. Ricordiamo che le tasse si pagano sul reddito netto, cioè sul guadagno lordo meno i costi sostenuti.

È chiaro che l'obiettivo del professionista deve essere quello di far rientrare il più possibile i beni acquistati nell'attività svolta, anche se per alcuni beni se ne fa anche un uso privato. È evidente che l'auto, il computer o il cellulare si usano per lavoro, ma possono anche essere usati per motivi personali. Diverso è il caso di beni che si usano **solo** per motivi personali, come la lavatrice, lo stereo o l'abbonamento in palestra: in questi casi i relativi costi non possono essere addebitati all'attività.

Come fare in pratica

L'obiettivo tendenzialmente è attribuire le fatture di acquisto a nome dell'attività, in questo modo si abbatte l'imponibile tassabile. Ogni spesa sostenuta dal professionista deve essere giustificata da una fattura correttamente intestata: deve indicare cioè la ragione sociale, l'indirizzo e il numero di partita IVA, oltre alla descrizione del bene. Più si riesce a dimostrare costi fatturati per la propria attività, più si abbassa l'aliquota di riferimento per le tasse da pagare. I beni acquistati rimangono come "valore" dell'attività, tecnicamente questi beni si chiamano *cespiti*.

In poche parole, il libero professionista **deve spendere** un po' dei soldi che riceve, altrimenti vanno tutti in tasse. Ad esempio, se siamo interessati a un bel corso di formazione o a un acquisto tecnologico, consideriamo che è meglio spendere per investire sulla nostra professionalità piuttosto che darli allo Stato con le tasse.

Come gestire il reddito personale del professionista

«Ma quanto guadagna al mese il libero professionista?» Tipica domanda dell'impiegato che per la prima volta inizia a pensare alla libera professione. Questa domanda rivela tutta la preoccupazione e la mentalità di chi è solito percepire un reddito fisso e regolare ogni fine mese: il dipendente è abituato a pensare in termini di entrate mensili.

Per il libero professionista e per l'imprenditore è tutta un'altra storia. Non sanno quanto guadagnano personalmente, l'unico dato certo è quanto fattura la loro impresa in un anno. A seconda di come viene inquadrata la società dal punto di vista fiscale (ditta composta da persona singola, S.r.l., S.n.c. ecc.), la gestione della contabilità cambia. Il guadagno mensile del professionista è l'emolumento che riceve dalla sua azienda, che a sua volta rappresenta un **costo** per l'azienda.

Nel caso dell'impresa composta da persona singola, il compenso dell'imprenditore deve apparire nei conti economici come un costo. Per fare un esempio, una S.r.l. deve indicare come costo anche il lavoro svolto dai suoi collaboratori, quindi per ognuno di essi ci sarà una busta paga, dei contributi ecc. Tutte queste voci per l'azienda rappresentano costi da sottrarre al guadagno lordo delle fatture emesse. Nel caso di una S.r.l. con due soci, avremo due emolumenti da corrispondere, ci saranno due buste paga, doppi contributi ecc. Tutte queste voci sono costi da sottrarre al guadagno lordo.

Vero è che se il libero professionista riceve mille euro al mese di emolumento, la società ne paga in totale circa il doppio compresi i contributi, sempre detratti come costi d'impresa.

SEGRETO n. 33: il libero professionista non ragiona più in termini di reddito mensile, ma i soldi circolanti appartengono all'attività, mentre il reddito percepito come emolumento rappresenta semplicemente un costo.

Il professionista deve cercare di vivere ragionevolmente dal punto di vista economico e, al tempo stesso, dovrebbe cercare di addebitare, ove possibile, i beni acquistati alla società. Dopodiché, in contabilità, si gestiscono emolumenti e spese secondo le voci del bilancio.

Nella gestione giornaliera del denaro non c'è più una netta distinzione tra i soldi personali dell'imprenditore e quelli della società. Ad esempio, quando il professionista fa il pieno alla macchina, gli basta compilare la scheda carburante e la spesa diventa un costo per l'azienda, ma se si dimentica la scheda carburante, allora la stessa spesa la paga di tasca sua.

La parola d'ordine per la gestione giornaliera dei soldi è "cash flow". Con esercizio e buon senso si impara a gestire il denaro liquido, cercando di conciliare le entrate previste e le spese da affrontare, ad esempio per l'acquisto del nuovo PC portatile, la rata della macchina, l'IVA o le altre imposte.

Il potenziale economico del libero professionista, rispetto a quello di un dipendente, è certamente più alto e complesso da gestire. Il professionista, per ottenere un emolumento pari a quello del dipendente, deve gestire e far circolare una quantità di soldi di gran lunga superiore al reddito percepito dal comune impiegato.

Potremmo fare un'analogia con un giocoliere, che fa volteggiare i birilli sopra la testa senza mai farli cadere. Egli ha in mano solo due birilli per volta, ma allo stesso tempo controlla e fa roteare tutti gli altri. Analogamente, l'imprenditore gestisce tutti gli aspetti economici dell'azienda, anche se in quel momento il denaro che gli passa tra le mani è limitato. Il dipendente invece è come un giocoliere con solo due birilli in mano, e nulla da giostrare.

Come gestire l'amministrazione del libero professionista

Quanto descritto finora è solo una semplificazione della reale gestione amministrativa che c'è dietro le quinte dell'impresa, in particolare se si pensa a tutte le norme vigenti, alle regole, ai decreti, alle aliquote, agli scaglioni fiscali ecc. Abbiamo semplificato per visualizzare lo stato d'animo, la logica e la mentalità di base che distingue il conduttore d'impresa, nonché libero professionista, dal dipendente.

La gestione amministrativa e fiscale va necessariamente affidata a un commercialista, che conosce tutte le regole, indica cosa fare e tiene i conti. Non bisogna però commettere qui un comune errore: pensare che egli agisca da amministratore delegato! Il commercialista è un professionista che sa bene il suo lavoro, ma non conosce affatto il vostro. Il commercialista deve diventare un consulente vero e proprio, che va guidato secondo le necessità della propria impresa, della sua natura e delle relative caratteristiche.

SEGRETO n. 34: il commercialista è un professionista che sa bene il suo lavoro ma non conosce affatto il vostro, pertanto non può prendere le decisioni tecniche riguardanti la vostra professione, ma agisce solo da consulente.

Un buon commercialista è il partner fondamentale del libero professionista, non esitate a cambiarlo se non siete soddisfatti. Il bravo commercialista non deve limitarsi a gestire la vostra contabilità e a pagare le tasse, ma deve avere sempre quella visione d'insieme e quella sensibilità verso la vostra azienda che fanno la differenza.

Se il vostro commercialista tratta diversamente clienti piccoli e clienti grandi, se non ha mai tempo da dedicarvi ma parlate sempre con le impiegate, se in un anno di gestione non ha mai proposto migliorie, se non vi informa tempestivamente delle novità fiscali, allora è il momento di cercarne un altro. Un'azienda gestita male dal punto di vista fiscale alla lunga costa molto di più della consulenza di un bravo commercialista! Provatene diversi fino a trovare quello che fa per voi.

Da liberi professionisti siete anche il lavoratore principale della ditta, è quasi d'obbligo avere qualcuno che vi aiuti a seguire l'amministrazione, altrimenti non sarà possibile lavorare e allo stesso tempo seguire tutte le pratiche. È impensabile gestire con cura l'amministrazione e dedicarsi anima e corpo alla professione, è molto meglio separare le due attività.

È chiaro a questo punto che la gestione degli aspetti economici del libero professionista richiede essenzialmente un cambio di mentalità e un approccio diverso con il denaro, rispetto al lavoratore dipendente. Da libero professionista si "diventa l'azienda", a partire dalla gestione dei tempi, del lavoro vero e proprio, ma anche dal punto di vista economico, dove diventa molto difficile sapere se i soldi che abbiamo in mano sono nostri, della società, dello Stato oppure dell'Erario!

RIEPILOGO DEL GIORNO 6:

- SEGRETO n. 29: quello che si deve fare da subito è cambiare mentalità: ora siete la ditta di voi stessi e dovete imparare ad amministrarvi da soli!
- SEGRETO n. 30: i pagamenti ricevuti dai clienti non vanno spesi subito, perché sono ancora da tassare. Prima di spendere, il libero professionista deve accantonare i soldi per pagare le imposte.
- SEGRETO n. 31: tutte le spese utili per la professione sono da sottrarre al reddito lordo percepito. Sulla differenza si pagheranno le imposte.
- SEGRETO n. 32: l'IVA ricevuta dai clienti non è da spendere a nostro piacimento ma sono soldi che poi dovremo corrispondere allo Stato, vanno accantonati subito senza montarsi la testa.
- SEGRETO n. 33: il libero professionista non ragiona più in termini di reddito mensile, ma i soldi circolanti appartengono all'attività, mentre il reddito percepito come emolumento rappresenta semplicemente un costo.

- SEGRETO n. 34: il commercialista è un professionista che sa bene il suo lavoro ma non conosce affatto il vostro, pertanto non può prendere le decisioni tecniche riguardanti la vostra professione, ma agisce solo da consulente.

GIORNO 7:
Come gestire la situazione familiare

Il dipendente che decide di passare alla libera professione non può dimenticare gli aspetti personali. È necessario considerare la propria situazione familiare per valutare correttamente l'impatto della nuova attività su tutta la famiglia, soprattutto nei primi tempi, ma anche nei momenti di difficoltà e in tutte le nuove responsabilità in generale.

Le possibili situazioni familiari sono davvero tante e differenti, più di quanto sembri a prima vista. Quando annunciamo di voler lasciare il lavoro, i primi commenti provengono proprio dalla famiglia, e le nostre preoccupazioni la riguardano direttamente. Spesso si sente dire: «Ma io ho una famiglia da mantenere, non posso lasciare il lavoro da dipendente», oppure: «Fossi libero, senza famiglia, allora sì che potrei muovermi con leggerezza» e ancora: «Mia moglie non lavora, come posso mantenere lo stesso tenore di vita?»

A grandi linee, possiamo distinguere le varie situazioni familiari nelle seguenti tipologie:

- single, senza coniuge, senza figli;
- fidanzati;
- coniugati;
- sposati con figli;
- separati o divorziati con o senza figli;
- adulti che vivono ancora con i genitori.

Single, senza coniuge, senza figli

Sicuramente questa è la condizione migliore per cambiare vita, quella che lascia la più grande libertà di movimento e, al tempo stesso, permette di correre qualche rischio. In questo caso la decisione di lasciare il lavoro grava solo sulle vostre spalle, e non bisogna condividerla con nessuno.

Il single, rispetto alle altre situazioni familiari, è più libero di lasciare il lavoro, di abbandonare "la sicurezza" e gestirsi autonomamente. «Non è oro tutto quel che luccica» recita un noto detto popolare, e questa condizione familiare non si sottrae alla regola.

Consideriamo il single che ha lasciato il lavoro da dipendente e si è organizzato per crearsi la propria professione e indipendenza economica. Egli affronta il mondo interamente da solo, non ha moglie né figli che possano stargli vicino nei momenti di difficoltà, né tanto meno agire da fortissimi sostenitori e motivatori.

Il single, anche di fronte a un semplice raffreddore, non può mettersi in malattia con la tranquillità del dipendente. Per il professionista la malattia non è una questione personale, ma un problema professionale da gestire. Se il professionista ha preso impegni di lavoro e si ammala, ad esempio per una semplice influenza, deve per forza restare a casa.

Nei momenti peggiori, quando il telefono non squilla e sulla scrivania si accumulano tasse e bollettini da pagare, il single non ha nessuno su cui contare, per consolarsi e appoggiarsi. Egli è solo ad affrontare i momenti di poco lavoro, i dubbi e le difficoltà; sempre da solo deve cercare forza e rinnovato coraggio, e non è da tutti.

Il single che affronta la decisione di lasciare il lavoro, certo, è più libero e ha solo la responsabilità di se stesso, ma ha bisogno di una forza interiore ben più grande di chi affronta le difficoltà in coppia o in famiglia. Per fare un esempio banale, avete mai provato a intraprendere un viaggio in macchina da soli, piuttosto che accompagnati da un'altra persona?

Anche le decisioni più semplici (quando partire, quale percorso scegliere, dove fermarsi ecc.) hanno una valenza diversa se affrontate in due. Ogni decisione, ogni difficoltà e dubbio sono automaticamente divisi in due! Vi pare poco?

SEGRETO n. 35: il single che intraprende la strada della libera professione ha solo la responsabilità di se stesso, ma ha bisogno di una forza interiore ben più grande di chi affronta le difficoltà con il sostegno di una famiglia.

Fidanzati

Il dipendente che decide di intraprendere la strada dell'autonomia e condivide la vita privata con un compagno o una compagna, di solito ha il vantaggio di non dover necessariamente pensare al partner in termini finanziari. Nella maggior parte dei casi il fidanzato o la fidanzata hanno un proprio lavoro, e di conseguenza una propria autonomia economica.

Il grande vantaggio di questa situazione da fidanzati è che le difficoltà, i dubbi e le paure della libera professione possono essere condivise con il partner. Un partner libero di giudicare autonomamente, maturo di una sua esperienza lavorativa.

Ogni scelta, ogni difficoltà, ogni passo del professionista possono essere discussi e valutati insieme all'altra persona. Come si diceva prima, affrontare un viaggio in due è certamente più piacevole e meno spaventoso che da soli! Senza contare che nei momenti di poco lavoro e di scarse risorse economiche, il partner può essere di aiuto e rappresentare una preziosa "ancora di salvataggio" nel mare in burrasca, fornendo sostegno psicologico.

SEGRETO n. 36: nei momenti di poco lavoro e scarse risorse economiche il partner può essere di grande aiuto psicologico e rappresentare una preziosa "ancora di salvataggio" nel mare in burrasca.

Coniugati

Questa condizione è del tutto analoga alla precedente, dove l'unica differenza sta nell'aspetto "formale" del legame tra le due persone.

I coniugi hanno scelto la divisione dei beni? Sono autonomi? In questo caso, se si decide di intraprendere il viaggio dell'indipendenza lavorativa, valgono gli stessi vantaggi e svantaggi della persona impegnata sentimentalmente. Quello che cambia sono solo i vincoli matrimoniali, comunque da considerare. Al momento di creare una società, ad esempio di persona fisica, a responsabilità limitata ecc., è bene tenere conto anche delle possibilità economiche e dei beni di proprietà del coniuge. Un bravo commercialista saprà sicuramente consigliare la scelta più opportuna per non gravare sul coniuge nei casi di difficoltà.

Sposati con figli

Se si vuole raggiungere l'autonomia finanziaria con la libera professione, questa è la condizione senz'altro più complessa nella rosa delle varie situazioni familiari.

Moglie e figli a carico, e magari anche un mutuo e le rate della macchina, sono senz'altro impegni da valutare con grande attenzione prima di decidere di essere autonomi, anche se valgono a pieni titoli tutte le considerazioni fatte sull'espressione della propria personalità, del proprio potenziale, del proprio talento ecc.

Essere sposati non cambia nulla dal punto di vista della "resa" della propria persona di fronte al lavoro da dipendente. Molte persone hanno "dato forfait" in una situazione da dipendente, e si accontentano di quello che hanno, della vita come è impostata e del loro menage quotidiano.

Magari si sentono appagati, ma potrebbero sfidare se stessi a dare di più nella vita e nella professione. Poi troviamo queste stesse persone che nel tempo libero amano rifugiarsi in garage, oppure nel loro studio a comporre poesie, costruire modellini navali in scala 1:43 o a praticare altri hobby per ottenere soddisfazione e realizzare una vera passione personale.

Certo, nessuno può puntare il dito verso chi ha famiglia per esortarlo a lasciare il lavoro, in particolare se non ha nessun pensiero né desiderio di farlo. La cosa giusta, come sempre, sta nel mezzo. Proviamo a ragionare in termini statistici e percentuali. Basta pensare a tutti gli amici con famiglia che sognano di fare qualche cosa di diverso, che sono scontenti del lavoro e magari vi invidiano perché siete single, avete lasciato il lavoro, e ora siete liberi di fare cose diverse, di raccontare i vostri successi e insuccessi, di lavorare da persone "vive".

«Ma io ho figli» non deve diventare la scusa per non agire, anzi, proprio perché avete figli dovreste desiderare per loro un futuro migliore, dove l'immagine che hanno del proprio padre o della propria madre non è quella di un dipendente rassegnato e lamentoso, ma di una persona costruttiva e responsabile che ha preso in mano le redini della propria professione.

Anche per chi ha famiglia ci sono i pro e i contro: quanti "con famiglia" guardano con desiderio la possibilità di sentirsi liberi di agire e di operare nel mondo del lavoro (e non solo)?

Rispetto a un single, un padre di famiglia ha un fardello più grosso da caricarsi sulle spalle, certamente, ma non è solo! Se si ammala ha chi lo aiuta, nei momenti di tristezza e scoraggiamento ha intorno a sé la famiglia che ama, nei momenti di cash flow ridotto magari ha una moglie che, con il proprio lavoro, è in grado di sopportare le spese correnti più essenziali.

Non è questa forse una condizione più facile del singolo che invece non ha nessuno su cui appoggiarsi? L'imprenditore che ha famiglia sa bene che, se anche un giorno dovesse perdere tutto, avrebbe ancora la cosa più importante, cioè l'amore del coniuge e dei figli.

SEGRETO n. 37: avere una famiglia e un coniuge che lavora, nei momenti di scarso cash flow, può rappresentare una condizione più facile del singolo, che invece non ha nessuno che lo possa aiutare.

Separati o divorziati senza figli

Questa situazione familiare è del tutto paragonabile al single che si lancia sul mercato: la differenza sta nella situazione burocratica e negli accordi presi con l'ex coniuge per la separazione. Certo le cose cambiano se ci sono degli alimenti da pagare al partner, oppure se la separazione è già conclusa e non vi sono vincoli amministrativi.

Separati o divorziati con figli

È probabile che chi si trova in questa condizione, oltre al mutuo per la casa, deve anche tenere conto di un altro "mutuo" rappresentato dagli alimenti da pagare al partner per i figli o per via dell'accordo di separazione ottenuto. In questo caso, nel calcolo iniziale del proprio cash flow e del fondo di sicurezza, dovrete considerare anche questa uscita di conto economico.

Dal punto di vista della libertà di movimento la persona separata o divorziata con figli è del tutto paragonabile al single, anche se ha più impegni a causa della separazione, non solo dal punto di vista economico, ma anche per quello che riguarda la gestione dei figli (stare con loro nei fine settimana, portarli a scuola, seguirli nella crescita e nelle varie attività ecc.). In questo caso il neoprofessionista dovrà organizzare i propri tempi di lavoro in modo molto accurato per far fronte a tutti gli impegni.

In questa situazione si può comunque affrontare la libera professione, vista la maggiore libertà, ma con grande attenzione a fare bene i conti, e al fatto che ci si trova più soli, senza conforto, senza un "salvagente emotivo" di emergenza, e con un maggiore impegno psicologico ed economico per sostenere i figli, almeno finché non sono autonomi.

SEGRETO n. 38: la scelta della libera professione può essere vantaggiosa se si decide di dedicarsi per un certo periodo alla cura dei figli o della famiglia. Soprattutto i separati o divorziati, da professionisti hanno più libertà di gestire il proprio tempo per far fronte agli impegni familiari.

Adulti che vivono ancora con i genitori

Questa è una tipica situazione italiana, assi difficile da trovare all'estero. In questo caso l'ostacolo più grande, sia dal punto di vista finanziario che professionale, è rappresentato dalla diversa mentalità dei genitori conviventi. Persone di un'altra generazione difficilmente accettano orari di lavoro o viaggi e impegni imprevisti dei figli, senza cadere preda di ansie e preoccupazioni.

Vivere con i genitori porta il professionista a "tornare bambino", ad abdicare cioè alla propria maturità e indipendenza per farsi "coccolare" dai genitori. In questo caso, la diversa visone della vita dei genitori va rispettata, senza però rinunciare alla propria intraprendenza nello sviluppo professionale.

Lasciamo questo quadro generale come spunto di riflessione per il singolo. Quale sia la scelta fatta a livello professionale, deve sempre essere condivisa dalla famiglia d'appartenenza. Ognuno deve valutare la propria situazione familiare, senza dimenticare che la condizione in cui si trova (coniugato, single, convivente) è stata creata da sé e non da altri.

Come ogni aspetto della nostra vita, se la condizione familiare non ci piace, spetta a noi cambiarla. Se non ci ritroviamo più, ad esempio, in una condizione da single, è il momento di rimboccarsi le maniche per cercare uno stato più appagante. Come nella professione, non possiamo aspettare che la situazione cambi da sola o che qualcuno faccia le cose al posto nostro.

SEGRETO n. 39: ogni aspetto della nostra vita è stato creato da noi stessi, anche quello familiare, e se non ci piace più spetta a noi cambiarlo e non ad altri.

Queste considerazioni vogliono semplicemente indicare che, molto spesso, farsi frenare dalla propria situazione familiare è solo l'ennesima scusa per non affrontare la libertà, per negare la propria reale incapacità di prendere decisioni importanti.

Tutti possono contare sulla forza del proprio spirito, sulla sicurezza della propria personalità e delle proprie reali capacità e talento per riuscire nella vita. In fondo, la professione è solo una parte di tutto quello che si deve affrontare nella vita!

RIEPILOGO DEL GIORNO 7:

- SEGRETO n. 35: il single che intraprende la strada della libera professione ha solo la responsabilità di se stesso, ma ha bisogno di una forza interiore ben più grande di chi affronta le difficoltà con il sostegno di una famiglia.
- SEGRETO n. 36: nei momenti di poco lavoro e scarse risorse economiche il partner può essere di grande aiuto psicologico e rappresentare una preziosa "ancora di salvataggio" nel mare in burrasca.
- SEGRETO n. 37: avere una famiglia e un coniuge che lavora, nei momenti di scarso cash flow, può rappresentare una condizione più facile del singolo, che invece non ha nessuno che lo possa aiutare.
- SEGRETO n. 38: la scelta della libera professione può essere vantaggiosa se si decide di dedicarsi per un certo periodo alla cura dei figli o della famiglia. Soprattutto i separati o divorziati, da professionisti hanno più libertà di gestire il proprio tempo per far fronte agli impegni familiari.
- SEGRETO n. 39: ogni aspetto della nostra vita è stato creato da noi stessi, anche quello familiare, e se non ci piace più spetta a noi cambiarlo e non ad altri.

GIORNO 8:
Come affrontare i periodi di crisi

Chi sta pensando di lasciare il "porto sicuro" di un lavoro da dipendente per tentare la sorte da libero professionista, non può che guardare con preoccupazione verso lo scenario economico mondiale. Non dimentichiamo che momenti di recessione ci sono sempre stati, e che si alternano a momenti di prosperità; non solo, ma non tutti i settori soffrono allo stesso modo nei medesimi periodi.

«Mal comune, mezzo gaudio», recita un noto detto popolare, quanto mai attuale e appropriato in momenti di difficoltà dell'economia! I momenti di crisi finanziaria non sono mai generalizzati, solitamente non toccano tutto lo scenario economico mondiale, ma solo determinati settori.

Ad esempio il settore immobiliare ha certamente dei momenti altalenanti, che però non coincidono necessariamente con l'andamento del settore dell'automobile. Come anche i beni di consumo di lusso hanno una sorte diversa rispetto ai beni alimentari ecc.

L'invito è cercare di non essere disfattisti, ma piuttosto valutare con la giusta razionalità il settore che vi interessa professionalmente. Concentratevi solo sull'area commerciale che state pensando di affrontare, e valutate oggettivamente se sta attraversando un momento di contrazione oppure no.

Fate però considerazioni di lungo periodo: momenti di alti e bassi ci saranno sempre. Non siate miopi, al contrario cercate di guardare avanti. Siamo noi stessi gli artefici del nostro successo o insuccesso, ognuno di noi può comunque lavorare bene e riuscire bene, indipendentemente dai fattori esterni.

SEGRETO n. 40: non siate disfattisti, valutate con la giusta razionalità il settore che vi interessa, in un'ottica di lungo periodo, senza dimenticare che alti e bassi di mercato ci saranno sempre.

Proviamo a guardare la situazione economica con un po' di calma, dall'esterno, come se non ci riguardasse tutti indistintamente. Poniamoci *super partes*, guardiamo il mercato dall'alto e cerchiamo di valutare la scena globale da un punto di vista prettamente oggettivo e concreto. Abbandoniamo per un attimo tutti gli atteggiamenti soggettivi, emotivi e folcloristici della stampa mondiale, tappiamo le orecchie alle sirene di allarme e disfatta totale.

L'invito è di analizzare dal punto di vista della comunicazione e della percezione comune i meccanismi dell'economia su scala nazionale europea. La prima cosa che sarebbe giusto fare, come sempre, è guardarsi dentro, ancor prima di considerare come stanno gli altri, e cosa dovrebbero fare per affrontare la situazione economica attuale.

Spesso (e non solo a proposito della crisi economica, ma in generale), è più facile scaricare le proprie ansie su altre persone piuttosto che affrontare la situazione onestamente, direttamente, senza scuse. È più rassicurante trasferire un nostro disagio sugli altri e fingere che il problema sia loro, non nostro. Fingere cioè che si stia parlando di un problema che investe "l'altro", il resto del mondo, tutti ma non noi stessi:

- c'è tanta gente al mondo che muore di fame, ma io cosa ci posso fare?
- è vero, la delinquenza è in aumento, però lui se l'è proprio cercata...
- mio cognato è stato licenziato, che peccato, però per fortuna la mia azienda è solida.

Un'altra tecnica che si applica inconsciamente, pur di non affrontare direttamente un problema che genera ansia, è quella di procrastinare nel tempo il confronto diretto con la situazione:

- il nostro pianeta è sempre più inquinato, ma tanto, quando le risorse naturali saranno esaurite, io non ci sarò più;
- ci penserò quando andrò in pensione.

Ognuno di noi ha motivi di preoccupazione personali o fobie soggettive che ci condizionano l'esistenza:

- c'è quello preoccupato dalla carriera (si rode tutto il giorno invidiando i colleghi più fortunati fino a trascurare il proprio lavoro);

- c'è quello ossessionato dalla forma fisica (è sempre in palestra e vede tutti i suoi difetti);
- c'è chi è sempre in ansia per i propri figli o è geloso della moglie (li soffoca di attenzioni e consigli riuscendo solo ad allontanarli);
- c'è quello innamorato della sua auto o della squadra di calcio (ogni minimo problema finisce in tragedia e parla sempre e solo di quello).

SEGRETO n. 41: come sempre è imperativo guardarsi dentro prima di considerare come stanno gli altri e cosa dovrebbero fare per affrontare la situazione.

Ci vuole molta forza d'animo per andare controcorrente, per muoversi nella direzione opposta a quella dove vanno tutti. Ci vuole un gran coraggio per non lasciarsi abbattere, quando tutti parlano solo di problemi e prevedono disastri.

Ma ci sono anche ansie comuni, culturali e sociali indotte dai media, alle quali è impossibile sottrarsi. Ma qual è la principale preoccupazione di tutti? Qual è l'ansia fondamentale con la quale conviviamo ogni giorno? La paura più comune, la più democratica, quella che colpisce tutti indistintamente?

Non esistono paure universali senza tempo, dipende dall'ambiente culturale e dal momento storico di riferimento. Oggi, nelle società moderne, la risposta è semplice: la preoccupazione generale più comune è quella di non avere più soldi. La povertà da astratta diventa reale, per la prima volta ci riguarda tutti, ci spaventa, ci prepariamo a diventare come i clochard dell'immaginario collettivo.

Immaginiamo il nostro futuro su una panchina del parco, con i pochi beni materiali in un sacchetto di plastica e due cartoni come coperte. Questa è l'inconfessata immagine che ci terrorizza: **perdere tutto** ciò che abbiamo, non vivere più nella comodità e nell'agiatezza.

Tutti noi ormai siamo condizionati da un modello consumistico di società: fino a ieri l'imperativo categorico era spendere per far girare l'economia. Pubblicità e media inventano a tavolino sempre nuovi bisogni indotti:

- ti serve proprio un cellulare nuovo;
- devi cambiare l'auto;
- hai davvero bisogno di un nuovo televisore al plasma.

Viviamo in una società consumista, che ci induce a comprare cose che non ci servono, alle quali da soli non avremmo pensato, che probabilmente non ci piacciono nemmeno e con soldi che non abbiamo.

In ogni momento storico si è parlato di difficoltà economiche. Quando c'è crisi tutti gridano «Al lupo!», ma da cosa sia rappresentata davvero la crisi nessuno lo sa dire. Crisi occupazionale, petrolifera, dei ricchi, dei poveri, crisi degli acquisti… da che mondo è mondo questi argomenti sono all'ordine del giorno e lo saranno sempre.

SEGRETO n. 42: sulla crisi sono tutti d'accordo, ma cosa sia davvero nessuno lo sa dire. Sta a noi non lasciarci scoraggiare dai media, ma valutare razionalmente cosa sta davvero succedendo.

Quando il futuro economico del paese è incerto, non è facile prendere una decisione radicale come quella di lasciare il lavoro per iniziare la libera professione. L'incertezza economica non deve diventare un pretesto per non affrontare la nuova professione, non deve diventare la nuova scusa di chi non vuole fare le cose.

Ma dov'è la crisi? Il luogo esatto della crisi solitamente è nella testa di tutti quelli che ci credono, di chi la usa come alibi per giustificare pigrizia, incapacità e paura del cambiamento. Spesso si sente dire:

- non trovo lavoro per via della crisi;
- la gente non compra perché ha paura della crisi;
- non faccio innovazione perché non ho soldi;
- devo stare particolarmente attento perché ho chiesto un prestito in banca.

Abbiamo dimenticato che non era facile nemmeno prima, eppure i liberi professionisti sono sempre esistiti; certo, quando è tutto più difficile il professionista deve essere ancora più bravo, deve riuscire a far bene trovando nuovi spunti, nuovi modi. Oggi diventa sempre più importante muoversi correttamente per rimanere a galla. Una situazione di crisi ha sicuramente le sue radici in meccanismi economici profondi e su scala mondiale, difficili da capire per la stragrande maggioranza di noi. Eppure sono tutti pronti a "fare i professori", a salire in cattedra e declamare a gran voce cosa bisogna fare, mentre in realtà nessuno può spiegare con certezza questa complicata situazione.

SEGRETO n. 43: nei momenti di difficoltà, per scegliere di intraprendere la libera professione è necessario attingere più che mai alla sicurezza delle proprie reali capacità.

Come interpretare la psicologia collettiva

I pensieri negativi creano una spirale involutiva autogenerata, dove tutti hanno paura del futuro e di perdere il lavoro. Nessuno compra più nulla, e di conseguenza le ditte chiudono perché diminuisce la richiesta di beni e lasciano a casa i dipendenti, i quali senza stipendio spenderanno sempre meno, e così via, fino all'autodistruzione.

Non dimentichiamo che senza un po' di ottimismo non si va da nessuna parte! In fondo, anche il dipendente al suo primo giorno di lavoro, o quello che si licenzia per cambiare ditta, non sa cosa si trova davanti, ma non per questo rinuncia all'impiego. Lo stesso deve fare il libero professionista, continuare a lavorare con passione, offrire un prodotto o servizio di qualità, seguire la clientela migliorando sempre.

Come fare in pratica

Se sapessimo cosa fare non ci sarebbe la crisi! Se fosse facile mettere a posto le cose lo faremmo subito… e allora che fare? Se la crisi è generata dalla paura della crisi, a rigor di logica, basterebbe non temere più la crisi e ricominciare a spendere per innescare il processo contrario! Dobbiamo tener presente che, anche se siamo circondati da messaggi disfattisti dei più dotti e rinomati esperti, **nessuno** sa bene cosa bisogna fare per alleviare una situazione economica di recessione. Per logica, nessuno può essere esperto di una cosa mai vista!

Ai nostri giorni, con i sistemi d'informazione in tempo reale, la velocità di comunicazione, la globalizzazione, è molto semplice e veloce trasmettere una notizia o una tendenza da una parte all'altra del globo. In altre parole, è facile creare e diffondere confusione, tanto più su una materia estremamente complessa come l'economia mondiale.

Ciò che conta è la vera volontà di affrontare il problema, di provare a risolverlo, senza farsi spaventare dallo spauracchio della crisi... e, non ultimo, non farsi abbattere da eventuali errori, ma cercare di trarne spunto e insegnamento per provare un'altra strada, come si è sempre fatto nella storia. Questo vale per tutti, sia per i dipendenti che per i professionisti!

SEGRETO n. 44: dobbiamo metterci in testa che per avere successo oggi bisogna lavorare seriamente ed essere pronti anche a guadagnare poco: in cambio avremo lavorato con soddisfazione.

Abbandoniamo il credo popolare secondo cui basta trovare il prodotto giusto, o farsi vedere in televisione, e si diventa ricchi valendo poco! La cosa migliore è stare calmi, tenersi al di sopra delle parti il più possibile e guardare la situazione da un punto di vista neutrale. L'informazione va seguita correttamente, senza drammatizzare. Non dimentichiamo che caos e incertezza portano alla strumentalizzazione della realtà: la stampa dà fiato alle trombe, le aziende rampanti speculano, i partiti politici trovano argomenti nuovi per i soliti discorsi. Di fatto regna una grande confusione, siamo circondati da funesti messaggeri e la realtà è storpiata, imbruttita. L'acquirente comune è terrorizzato inutilmente e nel dubbio non compra, o rimanda gli acquisti a momenti migliori. Il mercato lo facciamo noi, gli acquirenti siamo tutti noi, nessuno escluso!

Facciamo della crisi un momento costruttivo di riflessione. Ad esempio, ponderiamo meglio i nostri acquisti, evitiamo gli sprechi, le spese inutili. Ma non dovrebbe essere questa una comune norma di buon senso per tutti, crisi o non crisi? È proprio necessario cedere sempre alle pretese del consumismo? Pensiamo a tutte le cose superflue che abbiamo accumulato, agli acquisti fatti per capriccio, per noia, per insicurezza o semplicemente per soddisfare qualche bisogno momentaneo. Pensiamo a tutti gli sprechi fatti, solo perché ce lo potevamo permettere. Ognuno di noi dovrebbe sentirsi libero di contribuire alla ripresa del suo Paese con consapevolezza e coraggio, facendo le scelte giuste, non solo nello shopping ma in ogni campo.

Esempio di settore in crisi

Uno sguardo critico al settore automobilistico. Le aziende automobilistiche finora hanno fatto il bello e il cattivo tempo. Ma ora la musica è cambiata. È arrivato l'inverno e la cicala muore di freddo e di fame. Le case costruttrici hanno soffocato il mercato offrendo sempre nuove vetture, di gran lunga oltre il necessario, in una folle corsa alla ricchezza, in una lotta perenne tra marchi, spingendo l'offerta oltre ogni misura e ragionevole buon senso rispetto alla domanda.

Le aziende automobilistiche occidentali hanno stabilito un eccesso produttivo, cioè una produzione più forte della richiesta. Negli anni Settanta la domanda di veicoli era in continua crescita: chi non aveva ancora la macchina poteva acquistarla, il mercato era ancora tutto da conquistare. Oggi la situazione è radicalmente cambiata, tutti hanno l'auto, chi compra lo fa per sostituzione, ogni nuovo veicolo acquistato è in sostituzione di un modello precedente. Il mercato è saturo.

La cultura degli anni passati privilegiava la produzione rispetto alla vendita, nel senso che il mercato offriva pochi modelli di auto e la clientela sceglieva tra l'offerta disponibile. Oggi è il contrario: è il consumatore che, seguendo una moda, vuole un certo modello di auto (fuoristrada, SUV, 4x4, piccola da città, a gas ecc.) obbligando i costruttori a produrla, in una continua corsa per cercare di soddisfare la domanda prima della concorrenza.

La ripresa economica dell'Occidente deve partire da "un'iniezione di fiducia" da parte di tutti, da un cambiamento psicologico collettivo su scala internazionale. Cambiare professione è una scelta coraggiosa e personale, basata sulle proprie reali capacità e vera indole, non dovrebbe dipendere dai messaggi dei media del momento. Certamente la crisi fa più paura a chi sta per intraprendere la libera professione, ma un'attenta analisi del settore scelto permetterà di trovare spazi di mercato per operare.

Avere un'unica fonte di reddito può essere rischioso. Il dipendente che lavora per gli altri non controlla direttamente la sicurezza del suo posto di lavoro, in realtà corre un rischio più grande rispetto al professionista. Infatti, il suo destino lavorativo è nelle mani dell'azienda, non può intervenire direttamente.

In situazioni di difficoltà economica, il dipendente non può far nulla, può solo sperare che la sua azienda resti in attività senza chiudere o ridimensionare la forza lavoro.

Il professionista, al contrario, è il vero artefice del suo destino: spetta a lui, e non ad altri, prendere in mano le redini della sua attività, fare le scelte più opportune ed eventualmente cambiare direzione seguendo il mercato. Proprio nei momenti di crisi non avete più scuse per rimanere lavoratori dipendenti!

RIEPILOGO DEL GIORNO 8:

- SEGRETO n. 40: non siate disfattisti, valutate con la giusta razionalità il settore che vi interessa, in un'ottica di lungo periodo, senza dimenticare che alti e bassi di mercato ci saranno sempre.
- SEGRETO n. 41: come sempre è imperativo guardarsi dentro prima di considerare come stanno gli altri e cosa dovrebbero fare per affrontare la situazione.
- SEGRETO n. 42: sulla crisi sono tutti d'accordo, ma cosa sia davvero nessuno lo sa dire. Sta a noi non lasciarci scoraggiare dai media, ma valutare razionalmente cosa sta davvero succedendo.
- SEGRETO n. 43: nei momenti di difficoltà, per scegliere di intraprendere la libera professione è necessario attingere più che mai alla sicurezza delle proprie reali capacità.
- SEGRETO n. 44: dobbiamo metterci in testa che per avere successo oggi bisogna lavorare seriamente ed essere pronti anche a guadagnare poco: in cambio avremo lavorato con soddisfazione.

Conclusione

Per concludere il nostro percorso, vogliamo condividere la testimonianza di una persona che ce l'ha fatta.

Mi chiamo Patrizio Gatti e sono nato quarantatre anni fa. Ho cominciato a lavorare in ambito amministrativo a ventitre anni come impiegato con contratto di formazione in un'importante azienda di Massa Carrara.

Dopo qualche anno l'azienda in crescita, insieme alla mia voglia di imparare sempre cose nuove, mi ha portato a frequentare corsi sul controllo di gestione e sulla pianificazione aziendale. Mi sono appassionato, ho cominciato ad alzarmi molto presto al mattino per studiare, prima di andare a lavorare, e continuavo spesso dopo cena, oltre a frequentare periodicamente corsi di aggiornamento fuori città, sacrificando per lo studio moltissimi giorni festivi. Dopotutto, questo non mi pesava, poiché mettevo in pratica quello che apprendevo di volta in volta in azienda, e poiché vedevo che i risultati erano positivi, trovavo la motivazione per approfondire sempre più.

Alla fine a trentadue anni ho deciso di licenziarmi per mettermi per conto mio, un passo da incosciente che mi poteva costare caro, in quanto avevo già due bambini e una terza in arrivo. Il fatto è che credevo troppo nella potenza del controllo di gestione, e niente e nessuno mi avrebbe fermato, anche se avevo parlato con tre commercialisti i quali, tutti e tre, mi avevano sconsigliato di aprire un'attività di quel tipo di controllo aziendale, visto il momento delicato, e visto che nella mia zona era un servizio poco richiesto.

Gli unici che hanno creduto in me furono un giovane commercialista (quindi il quarto che sentivo), che poi mi aprì materialmente la partita IVA, e un consulente che chiamai per aiutarmi a creare il marketing e la mia immagine aziendale. Nel gennaio dell'anno successivo ho aperto il mio studio di consulenza aziendale, che ora è ben avviato, e mi occupo di controllo della gestione amministrativa, analisi di bilancio, rating, consulenza sui finanziamenti, business plan, contabilità analitica. Questo mi ha portato a essere relatore e formatore in seminari e corsi per imprenditori, impiegati e commercialisti, trattando di analisi di bilancio, business plan e rating aziendale, Basilea 2.

*****

Se siete arrivati fino a questo punto nella lettura del manuale, allora è il momento di tirare le somme! In definitiva qual è il valore aggiunto del dipendente? Avete provato sicuramente ad arrivare a casa la sera, dopo una giornata di lavoro, e chiedervi: «Ma oggi, cosa ho fatto per l'azienda?» Se la risposta è: «Nulla», chiedetevi perché.

In realtà avete usato il telefono, fatto fotocopie, utilizzato macchine, strumenti e programmi, ma il vostro operato, a causa delle normali condizioni di lavoro, non è servito concretamente a molto, è solo uno dei passaggi obbligati di un lungo iter di lavoro che continuerà in altri reparti, per finire chissà dove, dopo chissà quanto tempo. Nella maggior parte dei casi, il dipendente procura un valore aggiunto piccolissimo all'azienda. I tempi per vedere il risultato concreto del suo lavoro sono lunghissimi, moltissime pratiche devono passare da più reparti, da più persone, che aggiungono a ogni passaggio lungaggini incredibili.

Non dimentichiamo che quando il dipendente è a casa per una malattia improvvisa, il lavoro va avanti lo stesso. Ma allora il dipendente non è indispensabile! Il valore aggiunto delle giornate di lavoro di ogni dipendete è veramente basso. Se le cose in azienda fossero ben organizzate, basterebbero meno persone. Ma questi sono altri discorsi, e si entra nell'area della politica, dei sindacati e dell'occupazione in genere.

Non sarebbe più proficuo per la società se ognuno di noi facesse quello che sa veramente fare? Utopia? Certo, ma pensate solo ai vantaggi per le aziende e per i lavoratori. Fare solo quello che sappiamo fare bene e abbiamo voglia di fare. Non sarebbe fantastico?

Se mi piace fare la mamma, perché non posso farlo per i miei figli e per i figli degli altri? Se sono portato per tenere la contabilità, perché non posso farlo come lavoro? Se amo lavorare in giardino, cucinare o dipingere, perché non posso mantenermi facendo solo queste cose? Se mi piace ascoltare musica tutto il giorno, perché non posso farne un lavoro? Anche a costo di guadagnare meno!

La possibilità di lavorare, seguendo indole e istinto personali, libera la creatività sopita di ognuno di noi, stimola la capacità di creare cose nuove, trova modi di lavoro originali e innovativi. È un momento di rinascita di tutto il nostro essere!

La mente aperta coglie settori ancora liberi dove creare nuove possibilità di reddito, lavorando per se stessi e con piacere. Come era tutto diverso da dipendenti, come era tutto difficile e poco stimolante!

Accettando un lavoro in azienda, abbiamo rinunciato allo spirito avventuroso del "bambino", a favore del rassicurante ruolo di dipendente, per un unico vantaggio: la sicurezza dello stipendio a fine mese. Anche se lavoriamo male, se facciamo solo presenza siamo pagati lo stesso. Vi sembra edificante? Vi sembra corretto dal punto di vista della propria crescita come persone?

Per non parlare delle mille occasioni e migliorie lavorative che il dipendente non coglie, non vede, non pensa, e anche se le pensa, spesso sta ben zitto per non impegolarsi in critiche e difficoltà insormontabili, tanto la buona riuscita del lavoro non è un problema suo!

Avete preso la decisione finale e dato le dimissioni, non è stato poi così difficile. Avete lasciato l'azienda e vi dirigete in mare aperto. Guardare indietro, verso il vostro vecchio posto di lavoro, è una sensazione incredibile. Vedete la vostra ex azienda allontanarsi sempre più, come un'isoletta nel mare. Solo ora la percepite in tutta la sua piccolezza. Un nuovo mondo si apre davanti a voi, ricco di possibilità commerciali e di crescita professionale.

Avere una forte motivazione è fondamentale per riuscire nella libera professione. Essere scontenti del proprio posto di lavoro non basta, non è sufficiente. Scegliere la libera professione non deve essere un ripiego, ma un'autentica scelta di vita! La fiducia nelle proprie capacità professionali è fondamentale per il libero professionista. Credere nel proprio successo è la spinta che porta all'azione. Dovete essere estremamente motivati per muovervi nel vostro settore. Conoscenze e abilità tecniche si possono sempre acquisire, ma un'autentica passione per il vostro mestiere fa parte di voi.

Tutti gli aspetti psicologici che abbiamo toccato nel manuale sono molto importanti, vanno capiti e interiorizzati per operare con successo. Ma da soli non bastano. Riflettere e programmare non serve a nulla se poi non si **agisce**. Ora è il momento di rimboccarsi le maniche e passare all'azione.

Naturalmente questo manuale è "aperto", e in continuo aggiornamento, nel senso che non possiamo considerarlo un compendio di considerazioni teoriche, ma solo un punto di partenza da rendere concreto con le vostre esperienze di "vita vera". Un ringraziamento a chi ci ha sostenuto nel passaggio verso la libera professione e a tutti quanti ci daranno feedback su www.comunicazionenonverbale.it.

Infine, ricordiamo che solo una forte motivazione e volontà di agire vi permetteranno di "fare", perché di parole se ne possono